Familles d'ados

PHOTOGRAPHIES DE
Uwe Ommer

★

TEXTES DE
Régine Feldgen et Uwe Ommer

De La Martinière

Familles d'ados, un vrai visage de l'Europe

Voilà une idée avec laquelle on se réveille un beau matin et qui ne vous lâche plus. Une idée probablement inspirée par les récits de mes « malheureux » amis, géniteurs d'enfants dans l'âge ingrat, et leur difficile cohabitation ponctuelle. Pour en savoir plus, j'ai décidé d'aller voir l'état des choses sur le terrain. Le « terrain » étant 40 pays en Europe, et « aller voir » correspondant à trouver, photographier et interviewer 267 familles avec 458 ados.

L'idée était simple : photographier et interviewer les parents en l'absence de leurs ados, et vice versa, pour obtenir les images et réponses les plus authentiques possible, sans les recommandations des uns et des autres (« Change ton T-shirt ! », « Tiens-toi droit ! », « Coiffe-toi ! », « Remonte ton pantalon ! », etc.). Laisser chaque partie choisir son environnement, ses vêtements, ses accessoires, la façon de poser, et répondre aux mêmes questions portant sur l'*avenir*, *l'Union européenne*, *l'écologie*, *leurs relations familiales* et *leurs rêves*...

Nous, c'est-à-dire Régine (qui a réalisé les interviews, fait le copilote et aidé à l'organisation des voyages) et votre serviteur, sommes donc partis avec une antique et très gourmande Volvo, 1 appareil photo, 3 flashs, 1 réflecteur, 1 parapluie, des dizaines de cartes routières et une bonne dose d'enthousiasme pour parcourir l'Europe sans embûches et sous un soleil radieux... Cette petite promenade de santé (enfin, presque...) nous a permis de découvrir, entre autres, la formidable vitalité et l'optimisme de nos ados qui clament d'une seule voix : **« Faites-nous confiance ! Nous serons à la hauteur de vos attentes ! »**

Uwe Ommer

Kristoffer (19), Johanna (21) et Filip (17).

Johanna étudie la biologie marine, aime l'équitation, la plongée, la photographie et tout ce qui a un rapport avec la nature. Kristoffer fait du surf, travaille comme barman pendant l'été et partira en Nouvelle-Zélande en automne. Il est en train d'enregistrer un premier CD avec son groupe de rock indé. Filip est encore à l'école et pratique le skate « longboard ».

Katarina & Ingemar.

Katarina est infirmière à l'école. Elle aime le bateau (en été seulemert !). Ingemar dirige le département du développement durable dans une grande enseigne suédo se, passe son temps libre en plein air en famille et joue dans un petit groupe de jazz et de blues.

Johanna (21) Kristoffer (19) Filip (17) Katarina & Ingemar

« Mon père peut s'énerver pour rien… mais c'est mon point de vue, il se peut qu'il voie les choses autrement. » Kristoffer (19)

2020 **Johanna (21) :** Je serai quelque part sur un bateau en charge de la protection des baleines !
Kristoffer (19) : Envie de m'installer à mon compte et de faire quelque chose qui me plaît.
Filip (17) : J'aimerais travailler dans le domaine de la nature, mais surtout pas derrière un bureau.
Katarina : J'aurai plus de temps avec mon mari et moins d'enfants à la maison !

ÉCOLOGIE **Kristoffer :** Je prends la bicyclette pour aller à mon travail… mais seulement parce que je n'ai pas de voiture.
Johanna : Je suis membre de la SPA. Nous organisons des projections de films et des débats. En Suède on trouve un peu partout des associations de protection de la nature accessibles à tous.
Katarina : Un geste anti-écolo : nous faisons énormément de photocopies à l'école… Quel gâchis de papier et d'encre !
Ingemar : On jette beaucoup de nourriture. Nous préparons toujours plutôt trop que pas assez. Il faut commencer par des petites choses – renouveler les appareils électroménagers qui consomment trop d'énergie, trier nos déchets, moins utiliser la voiture… Chacun a un rôle à jouer.

UE **Katarina :** Notre ville a le label « Eurocité », on peut payer en euros ou en kronen ! C'est plus facile pour les touristes et bon pour le commerce.
Ingemar : Il existe une réticence à l'euro. Nous avons gardé notre monnaie nationale et nous avons une économie saine.

PARENTS **Johanna :** Je serai exactement comme eux !
Filip : Notre père est très généreux mais nous surprotège.

ENFANTS **Katarina :** Comme tous les enfants, ils pensent que nous avons trop de règles.
Ingemar : Avoir 3 enfants, c'est une bénédiction. Pour nous c'est important de partager du plaisir avec nos teenagers, ce qui n'est pas facile à cet âge-là !

RIXENSART **BELGIQUE**

Caroline & Emmanuel

ont choisi leur nouvelle cuisine…
Emmanuel est un cordon-bleu !
Caroline est journaliste, rédactrice en chef et chargée de communication du congrès d'Africités. Emmanuel est directeur dans une société de postproduction où il est responsable du doublage.

Zoé (18), Tom (15) et Clara (12).

Clara est scoute, joue du piano et fait de la danse. Zoé est encore au lycée. Elle écoute de la musique, fait du fitness et sort souvent. Tom joue de la batterie depuis ses 8 ans et pratique les arts martiaux.

2020

Zoé (18) : Je rêve d'habiter avec mon copain, de travailler dans les médias, la musique ou le cinéma, enfin, un métier où l'on voyage beaucoup.

Tom (15) : Une belle maison avec ma femme et 5 enfants, et exercer le métier que j'adore, l'architecture.

Caroline : Je me verrais bien au soleil… après avoir gagné au Loto. Et faire le tour du monde avec les enfants.

Emmanuel : La maison qu'on vient d'acheter, c'est un peu notre rêve donc je pense qu'on sera encore ici.

ÉCOLOGIE

Zoé : Au lieu d'acheter un ordinateur, on pourrait faire des travaux dans la maison pour la rendre « passive ». Mais on dit toujours « ça coûte trop cher, ça prend trop de temps » et finalement il y a peu de gens qui le font.

Tom : Je me sens fort concerné. Ça avance trop lentement et le sommet de Copenhague n'a servi à rien. Ça m'énerve un peu !

Caroline : Tout le monde est responsable à son niveau. On fait des petits gestes – économiser l'électricité et l'eau – et avec le panier bio une fois par semaine on redécouvre des légumes…

UE

Zoé : C'est important, surtout pour les petits pays comme la Belgique. Aux États-Unis, personne ne connaît la Belgique. Depuis qu'on est regroupés, ça nous rend plus visibles et plus forts.

ENFANTS

Emmanuel : C'est difficile d'être parents tout court, pas uniquement à l'adolescence. Il n'y a pas de mode d'emploi, on expérimente… on avance à tâtons.

« J'espère faire aussi bien que mes parents, donner autant à mes enfants que mes parents m'ont donné. Je ne sais pas si j'y arriverai… mais je ne serai pas tout seul, il y aura ma femme. » Tom (15)

ALLEMAGNE, COLOGNE
Des milliers d'amoureux accrochent leur cadenas
sur le pont des Hohenzollern, et jettent la clé dans le Rhin…

Milan & Sarka

avec les fleurs offertes par Milan pour son anniversaire.
Milan et Sarka sont séparés depuis sept ans. Aujourd'hui, toute la famille s'est réunie pour fêter l'anniversaire de Sarka et poser pour la photo. Sarka est spécialiste de la protection de l'environnement dans la région. Milan est paysagiste et urbaniste. Il est aussi directeur du projet « Pilsen Capitale culturelle européenne 2015 ».

Jakub (21) et Sarka (18).

Malgré une température automnale, Sarka a mis son short pour bien montrer ses tatouages !
Sarka est en quatrième année d'arts graphiques. Elle se tatoue elle-même. À 16 ans, elle et sa mère se sont fait tatouer le même dessin. Sarka a commencé à tatouer ses amis et son frère quand sa mère lui a offert le matériel nécessaire. Jakub fait des études de management dans l'industrie musicale. Il est batteur dans un groupe de punk-rock.

2020 **Sarka (18) :** J'habiterai en Angleterre ou aux États-Unis.
Jakub (21) : Je serai riche et célèbre en tant que régisseur de spectacle, graphiste ou rock-star.
Sarka : Je reprendrai mon travail de paysagiste.
Milan : Je tenterai d'améliorer la vie dans les villes, qu'elles deviennent plus écologiques et plus humaines. J'y travaille avec des architectes et on espère changer certaines lois.

UE **Sarka et Jakub :** L'UE ne nous préoccupe pas.
Milan : L'UE me fait peur. Dans le domaine du développement durable, les Européens doivent devenir plus forts, plus actifs et plus flexibles : j'ai vu des projets chinois très visionnaires... La République tchèque n'est plus le laboratoire industriel qu'elle a été. Le gouvernement n'investit plus assez dans les pôles d'innovation.

ÉCOLOGIE **Sarka :** On ne devrait plus utiliser de sacs en plastique.
Jakub : Nous avons commencé trop tard à nous occuper de la planète. À l'école, l'environnement, ça s'est résumé à ramasser les mégots dans la rue.
Milan : Des projets de centrales photovoltaïques sont en cours. Malheureusement, la plupart seront installées dans la nature, ce qui risque de nuire au paysage.

PARENTS **Jakub :** Mon père est un très bon manager. J'aimerais qu'il m'en apprenne le plus possible.

ENFANTS **Sarka :** Mes enfants sont très entreprenants. Je vais voir les concerts de mon fils : j'aime sa musique, le punk-rock !
Milan : Je ne vois pas très souvent mes enfants.

VŒUX **Jakub :** Profiter de cette soirée.
Sarka : Jardiner !
Milan : Rajeunir...

« Mon vœu : recevoir un SMS d'un garçon disant qu'il aimerait sortir avec moi. » Sarka (18)

MON VŒU : **ÊTRE AU** VOLANT D'UNE **FORD MUSTANG** SUR UNE **AUTOROUTE** **ALLEMANDE** ET **ROULER** À **FOND !**

Bohdan (17), UKRAINE

Bohdan (17) Oksana (16) / Volodimyr & Halyna / UKRAINE – Kolomyia

Sophie & Philippe / Ophélie (24) Baptiste (21) / FRANCE – Paris

Vera & Kaspar.

Kaspar est directeur d'une école privée. Ses hobbies : escalade, vélo et randonnées. Vera est institutrice, elle passe son temps libre en montagne, fait du ski et joue au volley-ball.

Anne (10) et Lynn (14).

Lynn participe à des courses d'orientation en forêt (navigation avec carte et boussole).

2020 **Lynn (14) :** Je travaillerai dans l'hôtellerie, comme cuisinière ou gérante, en Allemagne ou en Suède.

ÉCOLOGIE **Lynn :** Si je construisais une maison, elle marchera t à l'énergie solaire puisque le soleil brille toute l'année ! Vivre sans voiture me semble jouable, abandonner la télé sera plus difficile...

Vera : Nous faisons tourner notre lave-linge uniquement la nuit. Nous sommes abonnés à « l'énergie écologique », même si c'est un peu plus cher.

Kaspar : Nous avons une voiture électrique et cherchons une alternative pour notre chauffage au fuel. Notre maison fait partie du patrimoine historique du village. Pour le moment, il est impensable d'installer des panneaux solaires.

PARENTS **Lynn :** Mes résultats à l'école, vouloir sortir tard ou rester dormir chez mes amis sont des sujets qui fâchent. Très vite on crie tous en même temps. Mes parents devraient m'accorder plus de liberté.

ENFANTS **Kaspar :** Nous aimerions que Lynn se montre plus respectueuse.

Vera : En vacances nous passons de bons moments, mais au quotidien Lynn évite de rester à proximité de ses parents !

Nikola (23) et Lana (19).

Lana est étudiante en sciences politiques et se passionne pour la photo. Nikola étudie l'ingénierie électrique.

Miroslav & Branka.

Branka est journaliste spécialisée en politique étrangère dans l'agence de presse nationale. Miroslav est ingénieur civil dans l'administration. Tous deux s'adonnent trois fois par semaine à la danse latine et traditionnelle.

2020 **Lana (19)** : Je serai en Irlande et travaillerai dans les droits de l'homme ou les relations publiques.
Nikola (23) : J'espère inventer un moyen de ne pas gaspiller l'énergie aussi bien dans les maisons que dans les entreprises ou les lieux publics.

UE **Lana :** Avec l'euro, les prix vont augmenter, contrairement aux salaires.
Nikola : Entrer dans l'Union changera la politique et la vie quotidienne. Tout ce qu'on entreprend maintenant, c'est pour nous faire accepter en 2013. Mais je reste sceptique sur ce qui va se passer une fois qu'on sera dans l'Union.
Branka : Être membre de l'UE fera de nous un pays sans corruption avec une vraie démocratie et l'égalité.
Miroslav : La Croatie et son histoire font partie de l'Europe depuis toujours.

ÉCOLOGIE **Branka :** Nous avons plus de préoccupations politiques qu'environnementales.
Miroslav : Je suis inquiet en ce qui concerne la protection de l'eau et de l'environnement. Nous avons construit beaucoup de routes en Croatie et les bords de mer sont envahis par un tourisme de masse.

VŒUX **Lana :** Quitter la maison me ferait du bien !
Nikola : Vivre une expérience professionnelle à l'étranger.

Kiira (15) et Kosti (13) avec un « chien agile »...

Kiira s'entraîne avec son chien au concours d'agilité : ensemble ils doivent effectuer un parcours semé d'obstacles dans le temps le plus court.

« Je trie seulement parce que mes parents m'y obligent ! » (Kosti)

Martti & Kati, passionnés de photos de famille.

Kati travaille en tant qu'éducatrice spécialisée avec des étudiants en difficulté psychologique. « Ma fille prend ses distances et je respecte son espace. Par contre, je suis toujours réquisitionnée pour le shopping (grâce à ma carte bancaire !). » Martti développe des scanners qui servent entre autres au contrôle des bagages.

Roland & Doris.

Roland est employé dans une entreprise du BTP.
Il est pompier volontaire et aime la marche en montagne.
Doris, kinésithérapeute de formation, est assistante dans un cabinet de naturopathie.

Sarah (14) et Rahel (13)

ont commencé le foot il y a six ans.
Sarah va faire un apprentissage dans une banque.
Rahel fait du hip-hop, c'est une « fashionista ».

2020 **Sarah (14) :** J'aimerais avoir une belle maison au bord de la mer mais, plus probablement, je resterai en Suisse, j'aurais trop la nostalgie de mon pays !

ÉCOLOGIE **Rahel (13) :** À Appenzell, un homme a brûlé du bois peint dans son jardin, il a pris un an de prison pour avoir pollué l'air. Les grandes multinationales qui polluent la mer ne sont pas toujours condamnées : je trouve que c'est très injuste.
Sarah : Nous sommes une famille économe : on baisse le chauffage et on s'habille un peu plus chaudement en hiver.
Doris : Ça fait des années que nous faisons le tri sélectif. Nous n'utilisons pas de pesticides dans notre jardin, la prochaine étape sera de supprimer la chaudière à fuel.

UE **Sarah :** Je ne sais pas trop de quoi il s'agit.
Rahel : J'ai entendu qu'il y aurait des tensions entre la Suisse et l'UE, mais je ne connais pas les détails.
Roland : Je ne suis pas favorable à une adhésion de la Suisse. Ce n'est qu'une question de temps, toute l'UE va se déliter.
Doris : Les Suisses tiennent à leur liberté et leur indépendance.

PARENTS **Sarah :** Mon père aide beaucoup, c'est un peu comme une deuxième femme à la maison. Il est très généreux, il veut toujours le meilleur pour nous !
Rahel : Ma mère a de l'humour, elle est attentive et sensible : j'aime discuter avec elle.

ENFANTS **Roland :** Elles sont très faciles à vivre !
Doris : J'aime leur façon d'être, leur ouverture d'esprit.

VŒUX **Sarah :** Faire une carrière dans la banque ou dans l'industrie.
Rahel : Je rêve de vivre à New York, d'avoir un travail créatif comme styliste ou décoratrice.
Roland : J'étais cuisinier dans ma jeunesse. Alors pourquoi ne pas ouvrir un restaurant à Hawaï ?

«Quand ma mère se met à "iodler", j'ai un peu honte, mais elle est rigolote !»
Sarah (14)

Éric & Régine

sont séparés mais réunis pour la photo.
Régine est d'origine allemande, Éric est né et a grandi au Brésil. Elle a une société d'ingénierie culturelle qui met en relation artistes, entreprises et institutions culturelles. Lui vient de trouver un travail de responsable commercial.

Johanna (16) et Basile (15)

dans la chambre de Johanna.
Johanna aime la photo et Facebook, Basile fait du tennis, du skate, de la capoeira et joue de la guitare.

2020
Johanna (16) : Je serai psychologue.
Basile (15) : J'habiterai en colocation avec mes copains et aurai fini mes études dans l'audiovisuel.
Régine : Paris en 2020 : il y aura plus de vélos et moins de voitures. Paris sera toujours la Mecque de la culture.

UE
Basile : L'UE devrait faire plus attention à son argent et ne pas accepter les nouveaux pays aussi facilement.
Régine : Je crois à la génération des jeunes Européens. Ils ont la possibilité de découvrir l'autre et de s'intéresser aux différentes cultures.

ÉCOLOGIE
Johanna : Les écolos abusent : « Consommez bio, économisez l'électricité, ne gaspillez pas l'eau… » Laissez-nous vivre un peu ! Ma vie ne se résume pas à « Sauvez la planète ! ». Moi, j'irais plutôt nettoyer la plage !
Régine : J'espère que l'écologie entrera dans les mœurs et que la création du « Grand Paris » permettra la construction d'immeubles écologiques favorisant les rapports humains.

PARENTS
Johanna : J'aime discuter avec mon père quand il est de bonne humeur. Ma mère est cool, elle m'apprend la photo. On va voir des expos et faire du shopping ensemble.
Basile : Avec mon père, je peux parler de tout : il est très drôle. Ma mère est très rigoureuse, un peu le contraire de mon père. C'est elle qui me fait découvrir la culture.

ENFANTS
Régine : Ils ont un grand atout, ils grandissent avec trois cultures : allemande, brésilienne et française. J'ai de bonnes relations avec eux, ce qui n'était pas le cas entre mes parents et moi.
Éric : Adolescent, j'étais bien pire qu'eux ! Les rapports avec les enfants changent à chaque génération et il faut toujours réinventer un mode d'emploi. Laissons-les trouver leurs propres rêves et ne leur imposons pas les nôtres.

VŒUX
Johanna : Que mon amoureux me rejoigne à Paris.
Basile : Avoir mon bac, faire le tour du monde et surfer dans les spots les plus fous.
Régine : Avoir un pied-à-terre dans une grande ville, une maison au Brésil et une autre dans le sud de la France.
Éric : Retourner au Brésil et monter une affaire.

« Je m'imagine dans une maison sur la plage quelque part au Brésil où j'organiserai de grandes fêtes et ferai du surf. » Basile (15)

PAROLES D'ADOS 2020

FRANCE

J'aurai un garage à Los Angeles pour réparer et vendre des voitures…

Virgil (14)

RUSSIE

Ouvrir mon propre restaurant, ailleurs qu'à Moscou, c'est la ville des sushi-bars (hauts lieux des nouveaux riches moscovites, appelés aussi les « Russes-Sushi » !).

Gleb (15)

ITALIE

J'aimerais intégrer une organisation comme l'ONU, il faudra que j'apprenne plusieurs langues. J'adore l'Italie, c'est un beau pays mais je ne pense pas y vivre.

Vera (20)

FRANCE

Je serai peut-être vétérinaire, mais pas pour piquer les animaux, juste pour les soigner.

Louis (13)

PORTUGAL

Je voudrais faire partie de la direction d'une grande entreprise, avoir une carrière importante afin d'aider mon pays à se développer davantage.

Ze-Maria (14)

ALLEMAGNE

Je serai Lego-designer ou alors comédien. Mais je ne suis pas sûr d'avoir le talent nécessaire.

Oliver (14)

HONGRIE

Produire beaucoup d'excellents vins. J'espère que ma future femme fera la comptabilité !

Gabor (21)

PORTUGAL

Je suis et serai DJ. J'ai commencé à 14 ans. Mon rêve : faire partie des 100 meilleurs DJ du monde.

Joao (21)

FRANCE

J'aimerais travailler dans les fleurs. J'aurai 2 enfants mais sans mari.

Sophia (13)

ESTONIE

Sauvegarder
nos cultures et traditions
sur l'île de Kihnu.

Mare

PAYS-BAS

L'année dernière,
j'ai créé un « marché de
l'Amour » dans une église,
qui a eu beaucoup de succès,
mais pour l'instant c'est nous
qui investissons. J'espère que
dans dix ans ce sera un événement
incontournable et international.

Maaike

SERBIE

Je ferai ce que je n'ai pas eu
le temps de faire jusque-là :
lire tous les livres possibles,
voyager dans tous les pays que
je n'ai pas vus.

Andjelka

AUTRICHE

J'espère que ma femme
m'aimera toujours !

Bernhard

ALBANIE

Depuis les élections, il n'y a
plus de démocratie, on ne peut
plus parler librement. J'espère
que ça ne sera plus le cas en 2020.

Vjollca

ALLEMAGNE

Acheter une caravane et partir
à la découverte de l'Europe.

Gerhard

UKRAINE

La priorité, c'est l'éducation
de nos enfants pour
qu'ils trouvent un travail.
Ça sera dur de les laisser
partir pour apprendre un métier
mais j'espère qu'ils reviendront
vivre à la maison.

Hannusya

IRLANDE

Les filles vont nous manquer...
elles seront parties !

Cathy

ALLEMAGNE

Il y a plein d'universités
dans la région et
j'imagine que les enfants
vont continuer de loger
à « l'hôtel Papa-Maman »...

Martina

FRANCE

Je serai en (semi)-retraite
et en profiterai pour peindre,
sculpter et écouter mes 8 000 vinyles
et CD de jazz, rock, blues et soul.
Je me vois sous les oliviers au soleil
du Sud. Par contre, mes enfants seront
certainement encore à la maison,
ils sont trop contents d'être là...

Philippe

PAROLES DE PARENTS

Elektra & Stefan

avec son Rolleiflex « à la russe ».
Elektra travaille à la bibliothèque parlementaire. Elle adore la littérature et la cuisine. Stefan est écrivain, mais pour gagner sa vie il est aussi professeur de littérature à l'université. Il écrit surtout des pièces de théâtre qu'il met parfois lui-même en scène.

Lajz (15) et Sara (18)

avec un des appareils photo de son père.
Lajz est en seconde, il joue au tennis, au basket et fait du dessin. Sara suit des études de droit. Sa passion : la photo et le dessin de mode.

2020 **Lajz (15) :** Je vivrai à l'étranger (en Europe) et serai architecte dans mon propre cabinet.
Sara (18) : J'espère être une bonne juriste pour défendre les enfants...

UE **Lajz :** Nous sommes déjà européens géographiquement et culturellement parlant mais nous avons pris de mauvaises habitudes pendant l'ancien régime communiste : nous sommes feignants, n'aimons pas le travail, n'avons pas l'esprit d'ouverture et ne nous intéressons pas à la culture.
Sara : L'entrée dans l'UE nous aiderait beaucoup. Les jeunes pourraient étudier dans d'autres pays. On aurait accès à d'autres styles vestimentaires, plus modernes et plus variés.
Stefan : L'UE est un challenge pour l'Albanie. Après quarante ans du communisme le plus sévère au monde, ce n'est pas facile de changer la politique et encore moins la mentalité des gens.
Elektra : L'Albanie a été refusée par l'UE récemment. Nous espérons, dans deux ou trois ans, pouvoir retenter notre chance.

ÉCOLOGIE **Lajz :** Les gens continuent de chasser les espèces rares sans se soucier des espèces en voie d'extinction.
Sara : À l'école, nous parlons de la pollution, nous allons nettoyer les rues et créons des affiches pour informer et motiver les gens sur la protection de l'environnement.
Stefan : En Albanie, l'environnement n'est pas une préoccupation. Il faut d'abord régler nos problèmes de survie.

ENFANTS **Elektra :** Tous les deux sont d'excellents élèves avec un esprit ouvert.

VŒUX **Lajz :** Voyager et changer l'Albanie.

« En Albanie, les gens ne se sentent pas concernés par l'écologie.
Ils coupent les arbres pour créer des surfaces agricoles, et personne ne se préoccupe de la reforestation... » Lajz (15)

Mariamela (13) et Vasiliki (10).
Mariamela fait de la danse classique et moderne. Vasiliki aime jouer au basket, au foot et faire du vélo.

Anna & Georges dans leur salon de coiffure.
Georges s'informe régulièrement sur toutes les tendances de la coiffure. Son salon : un lieu incontournable pour se tenir au courant des nouvelles du village. Anna est aide-soignante le matin et coiffeuse l'après-midi.

2020 **Mariamela (13) :** Je ferai des études de puériculture. Je vivrai à Thessalonique plutôt qu'au village.
Vasiliki (10) : Je serai chef cuisinière, j'aurai beaucoup d'enfants et voyagerai dans le monde entier pour créer mes restaurants.
Anna : Je pense que les années à venir vont être difficiles à cause de la crise et que mon rêve de travailler moins et passer plus de temps avec mes filles ne se réalisera pas.

UE **Mariamela :** L'UE aide en cas de problèmes politiques et financiers, comme ça nous arrive en ce moment ! Je me sens d'abord grecque et ensuite européenne.
Georges : La Grèce est l'enfant pauvre de l'Europe. L'UE essaye de nous aider à tout prix. Je suis prêt à faire des sacrifices en espérant que ça donne des résultats.

ÉCOLOGIE **Mariamela :** Il ne faudrait pas faire les mêmes fautes que votre génération qui a bien pollué la terre... Nous, les jeunes, devons être vigilants !
Anna : Ici, au village, il n'y a pas de containers et je suis obligée d'amener les cartons et papiers au village voisin pour les recycler.

Jürgen & Monika.
Monika est professeur d'allemand pour les étudiants étrangers. Jürgen s'occupe d'installer de nouveaux sites techniques chez Lufthansa à l'étranger. Ils ont adopté leurs enfants en Haïti. Stephanie avait 6 ans et Emmanuel 18 mois.

Stephanie (17) et Emmanuel (10) ont été adoptés petits en Haïti.
Stephanie fait un BTS. Elle aime le théâtre et participe en ce moment à un projet théâtral initié par la région avec 200 jeunes. Emmanuel fait du ballet et voudrait devenir danseur.

2020 **Stephanie (17) :** Après mon diplôme, je voudrais faire une année sociale en Haïti, je n'y suis jamais retournée depuis mon adoption. Et j'espère devenir actrice.
Jürgen : Je travaillerai toujours. Mon fils sera probablement encore à la maison, à « l'hôtel Maman ».

ÉCOLOGIE **Stephanie :** Ma famille a été très active après le tremblement de terre en Haïti : mon père a initié une action de lavage de voitures pour lever des fonds, et dans le même temps on a fait une collecte à l'école. Maintenant, j'aimerais participer à un projet écologique.
Jürgen : On voit bien comment le monde a changé en si peu de temps. Il faudrait révolutionner les comportements de chacun.

UE **Jürgen :** Une belle histoire, même s'il reste beaucoup à faire.
Monika : Le rapprochement des peuples est réel. Il existe moins de « frontières émotionnelles » qu'avant.

ENFANTS **Monika :** On arrive à discuter...

VŒUX **Stephanie :** Que Haïti remonte la pente après le tremblement de terre et le choléra...

Zlatko & Eva.

Zlatko était dentiste à l'hôpital militaire.
Grâce aux réformes, il a pu ouvrir son propre cabinet.
Eva est biochimiste et directrice d'un laboratoire à Skopje. Mariés depuis dix-sept ans, ils sont les heureux propriétaires d'une datcha, où ils adorent jardiner l'été.
L'hiver, ils partent skier dans la région.

Stevan (17) et Andrej (13)

juché sur la rambarde, au grand dam de sa mère.
Stevan est lycéen à Skopje, il passe beaucoup de temps sur Facebook comme beaucoup d'ados.
Andrej est collégien et fait du skate.

2020 **Stevan (17) :** DJ pour m'amuser et juge comme métier. Il y a beaucoup de choses qui m'intéressent. J'aimerais faire des études aux Pays-Bas. Skopje c'est bien pour les jeunes et pour faire la fête, mais moins intéressant pour la vie professionnelle.
Andrej (13) : Je serai dentiste comme mon père et mon grand-père.
Eva : Je travaillerai tant qu'il y aura des malades qui auront besoin de nous.

UE **Stevan :** À l'école on en parle, les actualités donnent plein d'infos, mais pour nous, ça sera très difficile de rejoindre l'Union. Les Grecs nous considèrent comme des fainéants, ils disent avec mépris : « Vous n'allez jamais rentrer dans l'UE ! » Moi, je me sens 100 % européen.
Zlatko : Un jour, on sera membre de l'UE, c'est sûr, mais quand ? On voit nettement les progrès réalisés grâce à l'Union en Roumanie et en Bulgarie. Devenir membre est une vraie chance. La vie sera meilleure.
Eva : L'UE servira surtout à la jeune génération.

ÉCOLOGIE **Zlatko et Eva :** Depuis les trois dernières années, l'esprit des gens a évolué. Ils y sont devenus plus sensibles. Il faut continuer à éduquer les jeunes, nous n'en sommes qu'au début.

PARENTS **Stevan :** J'adore discuter avec ma mère. Notre seul hic, c'est le désordre dans ma chambre, je suis un type très mal organisé.

ENFANTS **Eva :** J'ai perdu mes parents à l'âge de 17 ans, c'est peut-être pour ça que je suis si proche de mes enfants. On discute comme des amis, chacun arrive à convaincre l'autre quand il le faut.
Zlatko : Nous ne venons pas d'un milieu très aisé, mais nous avons eu une bonne éducation. On aimerait donner la même à nos enfants.

VŒUX **Stevan :** Partir immédiatement à New York.
Eva : Plus d'emplois, et une Sécurité sociale pour tous.
Zlatko : Valoriser mon travail et agrandir mon cabinet.

« Mon père est vraiment un bon dentiste,
je pense qu'il soigne quasiment la moitié de la ville, parfois même sans être payé.
J'adore l'aider, je nettoie ses instruments dentaires. » Andrej (13)

Vaiva & Valentinas

confortablement installés après le goûter dominical.
Ils travaillent au lycée, respectivement comme professeurs d'histoire et de lituanien. Leur ville est à 10 km d'une centrale nucléaire – arrêtée depuis 2004, une condition d'entrée de la Lituanie dans l'UE. La ville a été construite pour les ouvriers et employés de la centrale et a proposé aux jeunes professeurs des logements gratuits pendant dix ans. C'est ce qui a décidé Vaiva et Valentinas à s'installer ici.

Martynos (8), Jeva (15) et Monika (14),

nos deux (ou trois ?) futurs mannequins…
Monika adore chanter, danser et nager, surtout en été, dans un grand lac à proximité de la ville. Jeva aime peindre, nager et jouer au volley-ball.

2020 **Monika (14) :** Je travaillerai probablement avec des enfants ou serai actrice. J'aurai un mari et un chien.
Jeva (15) : Je voudrais continuer à faire de la peinture plus tard.
Valentinas : Je serai toujours jeune et beau ! (*rires*) Nous aurons une maison entre la ville et la campagne.
Vaiva : Je vis la meilleure période de ma vie et j'aimerais que ça soit le même bonheur !

UE **Valentinas :** Une grande partie des Lituaniens ne réalisent toujours pas que nous sommes dans l'UE, ils sont très peu ouverts aux changements. Je suis persuadé que nos enfants se sentent déjà beaucoup plus européens que notre génération.
Vaiva : Je réaliserai que nous sommes dans l'UE le jour où mes enfants pourront faire leurs études dans n'importe quelle université européenne.

ÉCOLOGIE **Monika :** Sur Internet j'ai vu des lacs pollués, c'est terrible. Tout le monde doit se sentir concerné par l'environnement. Dans notre pays, nous avons des bennes de recyclage et toute la famille trie les déchets. J'ai envie de travailler avec un groupe qui existe dans notre ville et qui a créé un événement « Faisons 2011 ». Ça consiste à collecter les ordures pendant un week-end.
Vaiva : On fait du tri sélectif et on parle beaucoup avec nos enfants de la consommation superflue.
Valentinas : J'ai pensé prendre mon vélo au lieu de la voiture. Mais je continue à l'utiliser. Je suis toujours dans l'urgence : aller au travail, rentrer, chercher les enfants, les accompagner aux activités, faire les courses…

ENFANTS **Vaiva :** Je croise les doigts, nos rapports sont excellents ! Les malentendus sont sans importance et se règlent rapidement. Aucune mauvaise fréquentation, pas d'alcool ni de drogue…

VŒUX **Monika :** Visiter le Groenland.
Vaiva : J'aimerais tout laisser tomber et aller voir la mer Baltique malgré la saison ! (fin octobre)

« J'aimerais visiter le continent africain, et surtout la Libye ! » Jeva (15)

Juan (16) et Angel (18) s'entraînent sur leur terrasse.

Dès qu'il a un moment libre, Juan fait du BMX avec ses amis au skatepark de Murcia. Il veut être architecte mais craint que cela soit très difficile. Angel passe son bac, il pratique l'escalade à mains nues dans les montagnes environnantes et rêve de devenir pompier.

Angel & Isabel dans l'atelier géant installé dans un hangar industriel.
Isabel est décoratrice d'intérieur, elle aime la danse et fait de la photo. Angel, artiste peintre, expose régulièrement avec succès et vit de sa peinture. Il réalise également des affiches et des scénographies pour le théâtre et le cinéma.

Anna (21), Maria (16) et Wojtek (20).

Wojtek débute dans son métier de boulanger. Anna est étudiante en économie et aimerait travailler dans une banque. Maria est lycéenne, aime la danse, le dessin et faire la fête.

Eva & Kazimier.

Kazimier est mineur. Il est chargé de l'étayage des galeries souterraines. Eva travaille dans le service pédiatrique d'un hôpital. Elle est friande de magazines « people ».

2020 **Anna (21) :** Je resterai ici avec ma famille et construirai ma maison.
Maria (16) : Je ferai des études de médecine pour devenir chirurgien ou dentiste.
Wojtek (20) : Je m'installerai en Allemagne avec plein d'enfants !
Kazimier : Je commencerai à bâtir une maison pour mes filles.

UE **Wojtek :** La possibilité de travailler ailleurs est stimulante.
Anna : On commence à voir un changement, les routes sont neuves, les gens plus ouverts : ils apprennent d'autres langues et ont plus d'initiatives qu'avant.
Eva : C'est bien, sauf que les prix ont doublé, voire triplé depuis que nous avons l'euro.

ÉCOLOGIE **Maria :** Recycler, économiser l'énergie... je n'y pense absolument pas... pour l'instant.
Kazimier : La Pologne n'est pas un pays qui se préoccupe des problèmes énergétiques ni de la protection de son environnement.
Eva : J'ai grandi à la campagne, la vie est très naturellement « écologique ». Tout ce qu'on cultive dans notre jardin est bio. J'essaie de transmettre ce mode de vie à mes enfants.

VŒUX **Anna :** Gagner au loto pour ensuite réaliser tous mes autres vœux, par exemple visiter l'Afrique avec toute ma famille.
Maria : Gagner au loto pour faire mes études de médecine et partir aux États-Unis.
Wojtek : Gagner au loto pour acheter une ferme en Allemagne avec beaucoup d'animaux.
Kazimier : Ne pas gagner au loto, garder mes habitudes et que rien ne change.

Olga & Evgenii avec sa collection « d'ours de créateurs ».
Olga organise de grandes expositions de poupées du monde entier. Evgenii, ancien parachutiste dans l'armée, travaille dans une compagnie de location d'hélicoptères. Son hobby : les chiens.

Anastasia (22), Gleb (15) et Marat (10) dans le petit parc en bas de leur immeuble.
Anastasia a quitté sa famille très récemment et habite avec son fiancé. Gleb a décidé, il sera chef cuisinier. Il dévore les livres de cuisine et ne se sert bien qu'aux fourneaux.

2020 **Gleb (15) :** Je ne pense pas me marier, je me sens bien quand je suis seul, ça m'aide à rester concentré. Je rêve d'avoir un tatouage, j'ai déjà réalisé le dessin...

UE **Evgenii :** L'UE est dans une réelle crise financière et politique et j'ai bien peur qu'elle devienne mondiale. Je peux imaginer que la Russie sera membre de l'UE un jour.

Olga : Je ne le crois pas du tout, le niveau de vie en Europe est beaucoup plus élevé que chez nous.

PARENTS **Gleb :** Mon père est costaud et intelligent. Nous ne passons pas beaucoup de temps ensemble sauf quand nous allons à la datcha : je grille la viande et il me raconte sa vie. Ma mère travaille beaucoup. J'adore jouer aux échecs avec elle et nous parlons de livres. Mes parents disent que le contact avec les ados est difficile... Je ne vois pas où est le problème !

ENFANTS **Evgenii :** Gleb doit trouver son orientation. En Russie, 15 ans c'est l'âge de se lancer. Je tiens à ce qu'il m'écoute et qu'il m'obéisse.

Olga : Gleb a beaucoup de temps libre et j'aimerais qu'il en profite pour travailler. Parfois, ces rythmes décalés créent des tensions. Heureusement qu'il a un sacré sens de l'humour !

Onorio & Maria

très fière de ses napperons au crochet.
Maria est originaire de Majorque et travaille comme assistante sociale avec des enfants handicapés mentaux. Elle aime faire du crochet en écoutant de la musique. Onorio est charpentier. Il a construit leur maison de toutes pièces.

Maria (19) et Rosa (18)

dans leur chambre avec vue.
Maria fait partie des scouts et organise des fêtes avec les enfants des villages alentour. Rosa est en première année à l'université et sera institutrice pour des enfants handicapés.

2020

Rosa (18) : J'aurai une famille avec 3 enfants dont le premier sera un garçon !
Maria (19) : Je serai institutrice à la campagne.
Maria : Je m'occuperai de mes petits-enfants. J'aurais aimé voyager, mais je crains de ne pas avoir beaucoup d'opportunités.

ÉCOLOGIE

Maria : Une des valeurs du scoutisme, c'est le respect de l'environnement. Toutes nos activités sont basées sur ce thème et une fois par mois nous partons 2-3 jours dans les montagnes pour pratiquer, apprendre et respecter la diversité de la nature et des hommes.
Rosa : J'évite de faire du shopping superflu.
Onorio : Nous sommes conscients de l'enjeu, nous recyclons et nous avons un panneau solaire dans le jardin.
Maria : Nous menons une vie simple, près de la nature, nous utilisons peu de « machines ». J'aimerais établir des contacts avec des associations pour la protection de l'environnement et en savoir davantage.

UE

Rosa : L'UE a été extrêmement importante pour l'économie et le développement de l'Espagne.
Maria : L'idée est excellente, mais malheureusement nous ne connaissons pas les cultures de nos voisins, ce qui est indispensable pour se comprendre mutuellement. Il y a encore du chemin à faire.
Maria : On ne peut pas construire quelque chose seulement sur des valeurs économiques.

PARENTS

Rosa : Mon père est très carré mais nous rions bien ensemble.
Maria : Nous nous entendons très bien : pas parce qu'il est particulièrement sympa mais parce que nous avons une grande confiance mutuelle.

VŒUX

Maria : Étudier aux USA grâce au programme Erasmus.
Maria : Plus tard, j'aimerais vivre dans une grande communauté de familles. J'ai envie de développer cette idée de communauté auprès des gens de notre âge.

«Dans notre village il y a environ 200 habitants mais seulement 8 adolescents.» Maria (19)

FINLANDE – Espoo

UKRAINE – Yavoriv Village

ESPAGNE – Murcia

GRÈCE – Mouries

DANEMARK – Lyngby

DANEMARK – Odense

FRANCE – Le Vésinet

ALLEMAGNE – Cologne

QUELQUES EUROPÉENS...

FRANCE – Jurançon

« À quoi remarque-t-on qu'un ado a un truc à demander ? C'est très simple : il est à l'heure pour dîner. Avec un grand sourire. Et, en plus, il vous demande comment s'est passée votre journée. »

Suphi (11) joue à la PlayStation sur l'écran géant du salon.
Il fréquente l'École française à Istanbul, comme son père à l'époque.
Son hobby ? Le basket sur l'écran et le terrain.

Sibel & Bedri avec vue sur le Bosphore et le pont qui relie l'Europe à l'Asie.
Sibel adore les fêtes, les voyages et les rencontres. Bedri est artiste peintre, écrivain et politiquement engagé. Il a ouvert un centre de rencontres artisticues et politiques (Pyramid) au cœur d'Istanbul. Chaque semaine il écrit un éditorial dans un grand quotidien turc.

Suphi (11)
Sibel & Bedri

« L'Union européenne m'évoque la modernité et l'art. »
Suphi (11)

2020 **Suphi (11) :** Je serai médecin ou avocat.
Sibel : Nous avons envie de vivre à Istanbul et peut-être à Berkeley (États-Unis) où je pourrais écrire mon livre.
Bedri : Je me bats contre le régime actuel qui utilise les failles du système et prétend construire la démocratie, mais qui en réalité cherche à la détruire. J'espère que dans dix ans nous n'aurons pas perdu ce combat et que nous continuerons à nous battre.

ÉCOLOGIE **Suphi :** Istanbul est totalement embouteillée. Imaginez la pollution de l'air ! Je participerais bien à la replantation des arbres en ville. À la maison, je trie, j'éteins les lumières et ferme bien les robinets.

UE **Bedri :** L'UE ne veut pas que la Turquie fasse partie de l'Union, et le gouvernement actuel ne le veut pas non plus – les deux mentent. La démocratie en Turquie se résume à donner la permission aux femmes de porter un voile ! J'ai des amis qui sont en prison, des écrivains, des journalistes, des scientifiques, et l'UE ne se soucie de rien. Les Européens prétendent que le gouvernement s'active pour créer une vraie démocratie parce que leurs intérêts économiques sont en jeu.

PARENTS **Suphi :** Mon père voyage beaucoup, il n'est pas souvent à la maison. Ce que je préfère, c'est aller aux matchs de foot avec lui. Ma mère m'emmène une fois par semaine au cinéma.

VŒUX **Suphi :** Être champion de NBA et le meilleur joueur de basket en Turquie.
Sibel : Une maison à Berkeley et plus de temps à moi.
Bedri : Garantir la paix et la démocratie dans mon pays. Finir tous les livres que je voudrais écrire (12 en gestation et 23 déjà publiés).

Peu de temps après cette prise de vues, Bedri a été poignardé en sortant d'une réunion politique en plein centre d'Istanbul. Il a échappé à la mort de justesse et continue son combat.

TAKSIM – TÜNEL
AV MEVSIMI
FUTBOL
MARMARA

Romain & Danielle.

Danielle a travaillé avec des handicapés et chômeurs avant de devenir institutrice. Romain est à l'initiative d'un projet d'« économie solidaire », où l'homme est central et non le profit.

Jennifer (14) dans les prés.

Jennifer est lycéenne et participe à des concours de dressage.

David (17) aux fourneaux.

David suit des cours dans une école hôtelière pour réaliser son rêve : devenir chef cuisinier. Il apprend également plusieurs langues : français, allemand, anglais, néerlandais, et parle bien sûr le luxembourgeois. Jennifer est lycéenne et aime le dessin. Elle participe à des concours de dressage avec le cheval qu'elle partage avec son frère.

2020 **David (17) :** Ouvrir mon hôtel dans les Vosges, près de la frontière française.
Jennifer (14) : Suivre une école d'art et habiter à la campagne avec mes chevaux.
Danielle : Vivre en Bretagne.
Romain : En principe, je serai à la retraite, mais quand on travaille sur un tel projet, on ne s'arrête pas aussitôt.

ÉCOLOGIE **David :** Je ne fais rien de spécial, nous n'avons qu'une poubelle à la maison.
Danielle : Nous ne recyclons pas autant qu'on le devrait.
Romain : Recycler c'est bien, mais ce sont les grandes entreprises qui en bénéficient. L'écologie aujourd'hui est plus basée sur l'interdiction que sur les initiatives créatives.

UE **Romain :** Suite aux deux guerres mondiales, c'était une bonne idée, mais se lier et s'entendre commercialement, c'est une autre affaire. Si nous avions une économie plus sociale, ça serait parfait, mais c'est loin d'être le cas.
Danielle : Nous sommes un petit pays avec une population multiculturelle, mais nous ne profitons pas de cette richesse des cultures, les immigrants sont restés en marge de la société. J'aimerais connaître davantage leurs cultures et, inversement, qu'ils en apprennent plus sur la nôtre.

PARENTS **Jennifer :** J'ai une très bonne relation avec mon père, et je considère ma mère comme ma meilleure amie.

ENFANTS **Danielle :** J'étais impatiente d'avoir des teenagers en pensant que ça serait formidable, et c'est vrai, mais c'est surtout très éprouvant !
Romain : Jusqu'à ce jour, nous sommes toujours arrivés à nous parler, même si parfois il y a eu des explosions.

VŒUX **Romain :** Que la société de concurrence fasse place à une société solidaire.
Danielle : Moins de pression sur les écoliers !

«L'UE, c'est formidable ! Je pourrai travailler dans tous les trois-étoiles européens !» David (17)

MON VŒU : PRENDRE UNE **DOUCHE**, ET EMBRASSER **MON FIANCÉ !**

Filipa (21), PORTUGAL

Carlos & Almeida / Filipa (21) / PORTUGAL – São Martinho

Ljubica / Milena (21) / MONTÉNÉGRO – Kotor

Vjollca & Shefki dans leur salon multicolore.

Inspirés par le maire de Tirana, un ancien artiste, qui a fait peindre les tristes façades des immeubles avec des couleurs audacieuses, ils ont eu l'idée d'égayer leur intérieur par une peinture pétulante !

Dejvit (16) pose devant les omniprésents portraits de sa grand-mère.

« Quand je pense à l'UE, j'ai envie de croire à la fin du chômage.
Si je pouvais choisir un pays pour y travailler, j'irais en Allemagne. »

Andreja & Alès.

Andreja est professeur d'allemand et slovène. Elle traduit également des livres de cuisine pour une maison d'édition. Alès est passionné de planeur, il a réalisé en 2007 un vol de 910 kilomètres en neuf heures. Il a sa propre société d'informatique au service des grandes entreprises slovènes.

Alja (14)

se trouve une ressemblance avec son idole Avril Lavigne.
Alja pratique le volley-ball et joue de la guitare.

2020 **Alja (14) :** Je m'intéresse aux langues et au théâtre, mais je ne sais pas encore ce que je voudrai faire plus tard. Je peux m'imaginer étudier en Angleterre.
Andreja : J'espère gagner ma vie seulement avec les traductions.

UE **Alja :** Entrer dans l'UE était un bon pas en avant pour la Slovénie. Maintenant nous avons plus de relations avec d'autres pays et humainement ça me plaît.
Andreja : Faire partie de l'Union me donne la sensation d'une sécurité générale. Ce qui me motive moins, c'est la mondialisation.
Alès : Nous n'avons pas eu le choix, il fallait rentrer dans l'UE, mais ça coûte beaucoup d'argent pour un petit pays comme la Slovénie. Depuis deux ans nous ressentons l'effet de la crise et les gens commencent à penser différemment.

ÉCOLOGIE **Alja :** Il s'agit de notre planète, il faut la protéger ; si on ne le fait pas, elle pourrait mourir, peut-être même d'ici dix ans.
Alès : En Slovénie nous avons un lobby très puissant pour la protection des oiseaux. Du coup, le gouvernement n'investit pas dans les parcs éoliens. Dans d'autres pays, les oiseaux n'empêchent pas d'installer des éoliennes en grande quantité.
Ce que nous pourrions faire, c'est partir à la campagne et vivre de notre propre culture de fruits et légumes. Nous possédons beaucoup plus de choses qu'il y a dix ans (deux voitures, une caravane, un planeur, beaucoup d'équipements pour les vélos...), c'est peut-être excessif.

PARENTS **Alja :** Mon père travaille et je le vois moins souvent que ma mère. Ensemble, nous jouons de la guitare. Il avait même un groupe avant, mais il chante terriblement faux.

ENFANTS **Andreja :** J'adore l'énergie de ma fille. Elle a beaucoup de fantaisie. En ce moment, nos avis sur les horaires de sortie et le rangement ne sont pas toujours partagés. Alors on se dispute, pourtant je n'aime pas ça. Après je pense à ma jeunesse à moi, aux interdictions de mes parents qui finalement m'ont aidée à grandir.

VŒUX **Alès :** Travailler 4 jours par semaine et vivre les 3 autres jours dans une petite maison au bord de la mer.

« La Slovénie est un pays tranquille où l'on peut trouver un travail.
Aux USA on peut devenir célèbre, pas en Slovénie,
mais ce n'est pas important pour moi. » Alja (14)

SLOVÉNIE, LJUBLJANA
Ados acrobates.

Derk nous a fait un bœuf pendant la prise de vue.

Derk, musicien professionnel et prof de guitare, adore le jardinage et la tranquillité. Dans dix ans, il peut imaginer coacher sa fille, elle est déjà une très bonne chanteuse.

Maureen (14), future rock-star, dans sa chambre.

Maureen adore chanter, suit des cours de musique en dehors de l'école et donne des concerts. Après son bac, elle fera des études à Rotterdam et ensuite à Boston.

2020 **Maureen (14) :** Voir le monde en chantant. Plus tard, j'aimerais avoir une famille avec 6 enfants. Aujourd'hui je n'ai pas vraiment de famille.

ÉCOLOGIE **Maureen :** À l'école on en parle beaucoup mais ça ne m'intéresse pas particulièrement. Quand je serai célèbre et riche, j'aiderai les enfants en Afrique qui n'ont pas une vie facile et les animaux de là-bas.

Derk : Depuis dix ans, la nature a changé ici, en mieux : nous avons à nouveau des grenouilles dans le canal, beaucoup d'oiseaux. Les gens du voisinage sont plus sensibles au problème des déchets. Mais si je pouvais choisir… j'habiterais sous un arbre quelque part sur une île déserte.

UE **Derk :** J'espère qu'un jour ce sera une grande famille, une vraie communauté. La musique peut faire le lien entre toutes ces langues, religions ou cultures. Elle a un langage plus pur que l'écriture.

PARENTS **Maureen :** Ça fait un an et demi que je vis chez mon père. Nous sommes très proches. C'est un père mais aussi un très bon ami. Nous parlons pendant des heures de musique et refaisons le monde.

ENFANTS **Derk :** Quand il s'agit de faire ses devoirs ou d'aider à la maison, je suis comme un vrai père. Quand elle est avec des amis, j'essaie d'être un ami. Je sais ce que l'amour veut dire. Le plus important dans la vie, c'est de partager ce que l'on est.

Dima (17) à l'œuvre.

Dima compose de la musique électronique, fait de la peinture et travaille le métal. Il est étudiant dans l'école où ses parents sont enseignants.

Viktoria & Vasyl dans l'atelier de sculpture de l'école, devant le buste de Paderewski.

Vasyl est peintre et sculpteur. Et également adjoint du directeur dans cette école d'art qui fête cette année son 130e anniversaire. Il enseigne depuis dix-huit ans. Viktoria est artiste et professeur à l'école.

2020 **Dima (17) :** J'ai envie de partir à Kiev, ou en Pologne, et devenir architecte.
Viktoria : Voir d'autres pays, visiter le Louvre et les grandes académies où d'autres artistes ukrainiens ont fait leurs études.
Vasyl : Je serai toujours jeune et dynamique et j'exposerai mes peintures en France !

ÉCOLOGIE **Dima :** Les questions sur l'environnement ne me préoccupent absolument pas.
Viktoria : Nous n'avons pas de structure qui s'occupe des déchets. Nous consommons surtout des produits locaux et ne sommes pas obligés d'aller au supermarché.

UE **Dima :** L'Ukraine, à mon avis, n'est pas au niveau européen. Il y a trop de corruption et la classe moyenne n'existe pas : les gens sont soit très riches soit très pauvres.
Viktoria : Pour nous, le plus important ce serait de pouvoir voyager librement.

PARENTS **Dima :** Ils m'ont beaucoup influencé. Avec mon père, nous allons peindre dans la nature. Ma mère joue du piano et elle m'aide pour mes compositions.

ENFANTS **Vasyl :** Dans un sens, mon fils est un philanthrope, il essaie toujours d'aider les autres. Je voudrais qu'il soit plus déterminé et suive son chemin jusqu'au bout, qu'il apprenne l'anglais et lise davantage.

Ruxandra & Razuan.

Ruxandra est ingénieur en bâtiment et mécanique. Elle dirige une entreprise de 20 employés spécialisée dans la ventilation, l'électricité et l'air conditionné. Razuan est son directeur adjoint. Ruxandra adore la photographie et se faire photographier, c'est la raison pour laquelle elle a tout fait pour participer à notre projet.

Alexandru (16)

dans sa chambre-studio d'enregistrement.
Alexandru a commencé le piano à l'âge de 6 ans. Aujourd'hui, il compose, joue du piano, de la batterie et est chanteur de son groupe, qui s'inspire du rock, du blues et de Jimi Hendrix.

2020 **Alexandru (16) :** Ma mère espère que je deviendrai le patron de son entreprise mais je penche plutôt pour la musique. Je vivrai peut-être en Finlande, c'est là où jouent mes groupes préférés. J'espère avoir une famille et apprendre la musique à mes enfants.
Razuan : J'espère que nous serons toujours sur ce même canapé.
Ruxandra : J'habiterai dans une maison plus grande et plus moderne.

ÉCOLOGIE **Alexandru :** Notre pays est plein de beautés naturelles, mais nous ne nous préoccupons pas de les protéger. Notre climat est extrême, les hivers très froids et les étés trop chauds, les panneaux solaires ou les éoliennes ne suffiront pas à fournir l'énergie nécessaire pour le chauffage et l'air conditionné. Dans notre collège, nous avons un groupe écolo qui organise des discussions sur les possibilités d'action.
Ruxandra : C'est une partie de mon travail. Je réalise des audits pour l'économie des énergies dans le bâtiment et le respect de l'environnement sur les chantiers. Notre maison est équipée d'isolations nouvelles et nous récupérons l'eau de pluie grâce à une retenue dans le jardin.
Razuan : Le recyclage n'est pas nouveau pour nous. Déjà au temps du communisme nous rapportions les bouteilles et papiers à l'école.

UE **Razuan :** La Roumanie a une mauvaise réputation, mais j'aimerais prouver que ce n'est pas la réalité.
Ruxandra : J'aime ma patrie mais pas forcément tous les Roumains.

PARENTS **Alexandru :** Ma mère ne croit pas trop à mon avenir dans la musique. J'ai de bonnes notes à l'école même si je ne fais pas beaucoup d'efforts, mais ma mère me croit feignant. J'ai commencé l'anglais à 3 ans !

ENFANTS **Ruxandra :** Mon fils a un grand cœur et une forte personnalité. Il est très sérieux, il ne boit pas, ne fume pas, n'a pas de petite amie et c'est un très bon musicien.
Razuan : Nos relations sont plutôt « distantes » en ce moment. Je dois lui demander 10 fois la même chose avant qu'il agisse.

VŒUX **Ruxandra :** Me sentir plus en harmonie avec moi-même. Je me sens vide à l'intérieur, sans projet personnel.
Razuan : Avoir une meilleure relation avec Alex.

« Je pense que la Roumanie sera la première à être mise à la porte. Nous avons trop de problèmes : la corruption et les gitans donnent une mauvaise image de notre pays. » Alexandru (16)

Hakcan & Durmus.

Durmus dirige une entreprise de transport, une centrale électrique, une chaîne de cafés, un centre de contrôle technique, un réseau de 400 poids lourds dans 80 pays. Il est pilote et possède un petit avion. Hakcan est femme au foyer, elle prend des cours d'espagnol, d'informatique et d'histoire de l'art.

Ece (18)

pose avec ses chaussures (pointure 34) achetées au Japon ou faites sur mesure.
Ece est en terminale. Elle aime la danse latine et veut travailler dans l'événementiel.

2020 **Ece (18) :** Je serai mariée, sans enfant, et travaillerai dans les relations publiques ou dans l'organisation de mariages. Je voudrais créer ma propre entreprise et ne pas travailler avec mon père.

Durmus : Mon objectif : 10 000 employés, 26 entreprises dans 11 pays. Je quitterai peut-être peu à peu mes fonctions et dans sept ans je construirai mon ranch, sur 40 hectares, j'aurai 60 ans.

Hakcan : Je suivrai mon mari à la ferme, ça sera un peu l'arche de Noé, j'ai déjà un lapin.

ÉCOLOGIE **Ece :** Le climat a changé en Turquie, ce n'est pas normal.

Durmus : Toutes mes usines et entreprises font le tri sélectif.

UE **Hakcan :** Ce n'est pas important pour la Turquie, mais les valeurs humaines qu'on défend en Europe, on devrait également les appliquer en Turquie. Quand nous serons économiquement plus forts, on n'aura pas besoin de l'UE.

PARENTS **Ece :** Ma mère est parfaite, elle me comprend, elle sait tout sur ma vie, mon petit ami, mon école. Elle est plus comme une amie ou une sœur qu une mère. Mon père travaille tout le temps, il m'aime et il fera tout pour moi.

ENFANTS **Hakcan :** Ma fille est très nature et elle a les pieds sur terre. Elle connaît ses limites, on parle de tout.

Durmus : J'aimerais qu'Ece vienne travailler avec moi après son master. Dans dix ans, elle sera peut-être mariée et vivra ailleurs.

VŒUX **Ece :** Je veux faire mon master en Angleterre, savoir parler plusieurs langues et avoir une bonne position dans la vie.

Hakcan : J'ai rencontré mon mari à l'université, nous nous sommes mariés tout de suite, puis avons eu les enfants... Il y a beaucoup de choses qu'on n'a pas pu faire dans notre jeunesse, maintenant les enfants sont grands, nous allons les réaliser.

«Les Européens ne veulent pas de nous
et nous n'avons plus tellement envie d'y aller.» Ece (18)

Francis & Axelle avec sa collection de chaussures à semelles rouges...

Axelle est productrice de longs métrages et de téléfilms. Francis est président d'un organisme qui conseille les entreprises dans leur développement.

Antoine (16) a envie de faire du polo, il a déjà son blouson !

Il est en pension en Angleterre, où il côtoie des Iraniens, des Ouzbeks, et d'autres nationalités dont il n'avait « jamais entendu parler ».

2020 **Axelle :** J'aimerais reprendre le piano et la sculpture, et me mettre à la soudure.

ÉCOLOGIE **Antoine (16) :** À l'école en Angleterre, on ne trie rien du tout, on jette tout dans la même poubelle.

Axelle : J'y suis sensible depuis longtemps. Il y a vingt ans, je me suis présentée aux élections avec Génération Écologie et je suis très fière d'avoir obtenu 3 %. J'ai toujours été écolo. C'est une éthique de vie, pas un choix politique.

UE **Axelle :** Il y a dix ans, j'étais assez contre, aujourd'hui je trouve ça formidable, même indispensable pour contrebalancer le reste du monde. Notamment pour les financements dans mon métier, la production cinématographique.

Francis : Je n'y croyais pas beaucoup mais je m'aperçois que je vis en Europe et que j'aime l'Europe et sa diversité. Il est impératif que chaque pays garde son identité, sans les côtés contraignants et pervers de Bruxelles.

PARENTS **Antoine :** J'aimerais bien avoir le même fils que moi, pour voir comment je me comporterais avec lui.

Marko (19) contourne l'interdiction de vélo dans le parc.

Marko prépare ses examens d'entrée à l'université. Il joue de la guitare et fait du VTT dans les montagnes environnantes.

Djenyu & Alexsandrina sont séparés dans la vie mais se sont retrouvés le temps de la photo.

Alexsandrina est professeur et interprète à l'Institut culturel italien. Djenyu est directeur administratif d'un petit centre commercial.

2020 **Marko (19) :** Je ferai ma maîtrise de droit et d'économie en Angleterre ou en Italie, mais je reviendrai vivre en Bulgarie.

UE **Marko :** C'est la bonne alternative, pour gouverner, c'est une des meilleures choses qui soient arrivées au vieux continent.

Djenyu : La Bulgarie n'était pas prête quand elle est rentrée dans l'UE. Notre économie n'est pas stable et il y a encore trop de différences entre les revenus dans l'Union alors que le coût de la vie est le même, ce qui favorise le marché noir.

Alexsandrina : C'est une bonne idée, maintenant il faut trouver la recette pour vivre ensemble.

PARENTS **Marko :** Ma mère est très libérale. Elle me permet beaucoup de choses que les autres jeunes n'ont pas le droit de faire, en même temps elle ne s'occupe pas assez de moi. Mon père est autoritaire, mais sa façon de faire est la bonne. Moi je m'occuperai davantage de mes enfants et je garderai ma famille unie. J'aurai 2 enfants, c'est vraiment vital – je suis fils unique, et un frère ou une sœur me manque !

ENFANTS **Djenyu :** Marko est un garçon pas comme les autres : il veut absolument vivre en Bulgarie, alors qu'il pourrait parfaitement travailler ailleurs en Europe !

VŒUX **Djenyu :** Que mes collègues m'écoutent : nous avons trente ans de retard dans les méthodes de modernisation et de gestion des entreprises. Il faut évoluer.

Fred & Petra.

Petra tient un restaurant sur la plage de Harlingen. Elle adore jouer au tennis mais travaille 7 jours sur 7 toute l'année.

Iris (18)

prend son envol...

Iris vient de réussir un examen à l'école hôtelière pour être serveuse et elle va continuer pour devenir gérante d'un restaurant. L'été elle travaille déjà dans le restaurant de sa mère.

2020 **Iris (18) :** Je vais reprendre le restaurant de ma mère. Je ne suis pas sûre de vouloir des enfants : si j'ai ma propre entreprise, je ne serai pas souvent disponible. J'ai vécu cette situation avec ma mère qui n'a pas eu beaucoup de temps pour moi...

Petra : J'espère pouvoir m'arrêter et que ma fille reprenne le restaurant. Je repartirai en bateau, comme je l'ai déjà fait pendant un an et demi pour un grand voyage.

UE **Petra :** Quand je suis à l'extérieur de l'Europe, je me sens européenne, quand je suis à l'intérieur, je me sens hollandaise, et quand je suis à Harlingen, je me sens frisonne. Avant tout je suis une citoyenne du monde. La différence entre les Frisons et le reste de la population ? Les Frisons ont leur propre langue, habitent dans la région la plus calme de la Hollande et sont bien moins stressés que les autres Hollandais !

ÉCOLOGIE **Petra :** Dans notre restaurant, nous servons du café issu du commerce équitable, produit par des paysans d'Afrique du Sud. Nous proposons une glace artisanale de la région, notre boucher n'a que des produits bio. Nos clients adorent ça.

PARENTS **Iris :** Ma mère a son caractère, tout comme moi, et des fois on se dispute. Ce que je préfère, c'est jouer au tennis avec elle, nous avons le même prof et on rigole beaucoup.

ENFANTS **Petra :** Nous avons eu une période assez difficile, qui est derrière nous. C'était comme l'eau et le feu. Je sais qu'elle avait besoin de comprendre ses limites sans que j'intervienne, mais c'était un combat pour moi. Maintenant elle est plus calme, nous avons une excellente relation.

VŒUX **Iris :** Que ma mère et son ami partent faire leur tour du monde et que je reprenne le restaurant.

Petra : Ça a toujours été mon rêve d'avoir un restaurant au bord de la plage... aujourd'hui je rêve d'avoir un seul jour off !

ÉCOLOGIE

« Ça ne m'intéresse pas trop, je me préoccupe plutôt de mes études... »

Iris (18)

PORTUGAL, PRAIA DE MACAS
Vent de force 10 sur la côte atlantique.

Elvi (16) dans la cour de son immeuble.

Elvi est à l'école, joue aussi bien au basket qu'au foot dans un club local et aime la littérature.

Lubjana & Halit avec un trophée de chasse d'Halit.

Halit est ouvrier dans la métallurgie le jour et agent de sécurité la nuit. Ses hobbies : la chasse dans les forêts environnantes et la pêche en mer. Lubjana est économiste et joue du piano. Pour avoir un meilleur poste, elle suit des cours d'économie tous les dimanches depuis trois ans.

Elvi (16)
Lubjana & Halit

« Moi, je jette mes déchets dans la poubelle, ce qui n'est pas courant en Albanie. Regardez notre cour ! » Elvi (16)

2020 **Elvi (16) :** Je serai au Canada, à Toronto chez mon oncle... Je ne sais pas encore quel sera mon métier.
Lubjana : Je travaillerai toujours. Probablement grand-mère plusieurs fois !

UE **Halit :** Les Albanais sont très consciencieux dans leur travail mais le salaire minimal n'est que de 100 € par mois ! Devenir membre de l'Union nous aiderait certainement mais la politique locale ne correspond pas aux exigences européennes.

ÉCOLOGIE **Halit :** Dans les rues, il y a des déchets partout. On manque de règles et de lois. Sous le communisme, il y avait plus de discipline et de punitions.

PARENTS **Elvi :** Parfois bien, des fois moins bien. Quand je ne travaille pas à l'école (comme tout le monde), ils ne sont pas contents. Mais ils ont du caractère et travaillent énormément, j'aime ça. Ils n'abandonnent jamais. Ma mère est adorable, mon père est très strict mais il ne me crie pas dessus, il l'a fait avec mon grand frère et ça n'a pas marché.

VŒUX **Elvi :** Avoir ma propre chambre – pour le moment je la partage avec ma grand-mère.
Lubjana : Avoir mon diplôme d'économie.

TUBORG

Tomas & Elsa

Avec leurs tout nouveaux amis...
Tomas est instituteur. Il aime la chasse et la pêche. Elsa a hérité du grand magasin de bricolage de son père, où Tomas l'aide pendant les week-ends et les vacances scolaires. Elle vient de commencer l'équitation.

Efthymia (15)

dans sa chambre de princesse.
Efthymia aime s'occuper des animaux, lire, sortir avec ses copines.

2020 **Efthymia (15) :** Étudier, exercer un métier en rapport avec les enfants. Vivre en ville. J'aurai peut-être fondé une famille.
Elsa : Une vie tranquille ici à la ferme. Je serai peut-être grand-mère.

UE **Tomas :** L'Union européenne est une famille dont les membres, dans les années à venir, devront avancer ensemble. Je suis européen.
Elsa : On doit avancer, pas reculer.

ÉCOLOGIE **Efthymia :** Je me sens concernée, mais ici, au village, il n'y a pas beaucoup de moyens de recycler puisqu'il n'y a pas de container pour ça. Je suis prête à ne plus utiliser de produits polluants comme les sprays.
Tomas : Nous appliquons certaines règles au quotidien. Nous avons créé un groupe pour mener des actions : prévention contre les incendies, pour la protection de la faune des environs, et surtout on a réussi à détourner un petit cours d'eau pour remplir à nouveau le lac.

PARENTS **Efthymia :** Mon père : écouter ses conseils. Ma mère : OK, rien à changer, tout va bien.

ENFANTS **Elsa :** Il y a un conflit en ce qui concerne sa façon de s'habiller ou de parler aux gens, mais ce n'est pas très important, nous sommes plutôt ses amis. L'autorité, c'est moi !

VŒUX **Efthymia :** Un avenir meilleur pour la Grèce.
Tomas : Que le monde vive en paix pour les prochains 5000 ans.

«Ça me plaît d'appartenir à l'UE. Par contre, je pense que la Grèce aurait mieux fait de sortir de l'UE depuis un certain temps. Chez nous il y a trop de problèmes.» Efthymia (15)

TURQUIE – Istanbul

ROUMANIE – Moieciu

FINLANDE – Kirkkonummi

ITALIE – Rome

ALLEMAGNE – Troisdorf

ROUMANIE – Sacele

AUTRICHE – Altheim

SERBIE – Belgrade

PAYS-BAS – Beesd

GRÈCE – Ioannina

HONGRIE – Szigetvár

ITALIE – Reggello

« Sache que c'est ma vie, pas la tienne. »

Susan & Jan

pendant leur pause-café.
Jan a une entreprise de vitrerie. Susan est infographiste dans une grande agence de publicité.

Fie (17) et Kasper (15)

ne craignent pas la pluie…
Fie est au lycée, elle adore les langues (l'allemand et l'espagnol). Elle fait du hip-hop et de la danse moderne. Kasper est au collège.

2020 **Fie (17) :** Étudier le droit et devenir procureur. Plus tard, j'aurai une famille, c'est évident, mais les études d'abord !
Kasper (15) : Moi, j'aime le travail manuel, je serai artisan.
Jan : Déménager en ville quand les enfants seront partis de la maison.

ÉCOLOGIE **Fie :** Ma mère a commencé à trier les déchets et j'en fais autant, mais depuis peu de temps. Cet été, j'ai assisté à un festival écolo où tout tournait autour du recyclage et des énergies renouvelables mais je suis restée sceptique…
Kasper : Je ne suis pas « vert ».
Susan : Au Danemark, on paye plus d'impôts si on dépasse une certaine consommation d'énergie.

UE **Kasper :** C'est bien d'être dans l'UE mais ça serait encore mieux qu'on ait l'euro pour voyager sans changer d'argent.
Fie : L'euro facilitera les choses mais je crains que tout devienne plus cher. Il est plus facile d'augmenter les prix quand les consommateurs ne maîtrisent pas encore le taux de conversion.
Jan : Je pense qu'on aurait dû avoir l'euro depuis longtemps : le Danemark se sentirait plus européen, plus connecté avec les autres pays.

PARENTS **Kasper :** Ma mère essaie toujours de faire le mieux pour moi, sauf que ce n'est pas toujours ce que je pense être le mieux pour moi. Quand elle m'interdit quelque chose, je suis encore plus tenté de le faire, pour braver l'interdit. Je dois vivre mes propres expériences, c'est tout. Ce n'est pas toujours facile pour elle.
Fie : Mon père est toujours prêt à nous aider à trouver des solutions. Les deux sont un peu trop protecteurs. Ils se disputent beaucoup avec mon frère. En tant que sœur, j'arrive à lui dire des choses plus facilement que nos parents, mais ça dépend de la situation (et du genre de bêtise !).

ENFANTS **Jan :** Notre fils est dans l'âge critique, il pense être maître de sa consommation d'alcool et pouvoir décider où il dort, quand il rentre, etc., il devient facilement agressif.
Susan : Il veut tout essayer et nous déteste parce qu'on lui dit non. Comme sa sœur a deux ans de plus et a la permission de faire certaines choses, ça le rend malade.

VŒUX **Kasper :** Partir en Afrique ou au Japon découvrir les cultures et voir les animaux.
Susan : Vivre dans le sud de la France.

« Mon rêve : devenir rédactrice dans un magazine de mode et pouvoir écrire ce que je pense réellement. » Fie (17)

Gricha (12) et Crespin (9) sont les enfants de Nayla.

Gricha est en cinquième et joue de la clarinette dans l'orchestre du collège.

Nayla & Riccardo dans la cuisine, royaume de Riccardo.

Ils habitent une ferme entourée de vignes et d'oliviers. Riccardo est photographe, Nayla, artiste peintre.

2020 **Gricha (12) :** Je choisirai un métier où je peux aider les gens : médecin ou vétérinaire, mais j'aime aussi l'histoire, la science, la géographie… alors je serai peut-être archéologue ou… astronaute.

ÉCOLOGIE **Gricha :** Pourquoi jeter les vieux vêtements, on ferait mieux de les donner. Il faut adhérer à un groupe comme le WWF ou Greenpeace, tout seul on ne peut pas grand-chose.

Nayla : Je pense sérieusement faire de la politique pour pouvoir changer des choses dans la région.

Riccardo : Nous avons l'énergie solaire pour l'eau chaude et le chauffage au bois. Tout ce qui est organique va au compost ou dans la porcherie.

UE **Riccardo :** Il est un peu prématuré d'inclure les pays de l'Est mais c'est aussi un test pour les pays fondateurs qui doivent trouver les moyens de les intégrer… Ils font partie de l'Europe.

PARENTS **Gricha :** Quand ma mère est stressée, elle est plutôt méchante. Mon père est hollandais, il vient me voir deux fois par mois. Il pense toujours que la vie est parfaite même si ce n'est pas le cas.

ENFANTS **Nayla :** Je me sens parfois comme un dictateur, j'essaie de devenir moins dure. Nous parlons de tout : la mort, le sexe, nous n'avons aucun tabou. Ma fille est têtue et sensible, c'est plutôt une qualité.

Olof & Viveka travaillent pour une ONG.

Viveka écrit des rapports sur les questions éthiques et environnementales. Par ailleurs, elle est musicienne et a enregistré plusieurs disques. Olof gère une clinique pour enfants maltraités de la même ONG à Stockholm.

Mats (14) et Astrid (15).

Toute la famille est de retour du Bangladesh où ils ont vécu pendant cinq ans. Astrid fait de la danse et écoute du hindi-pop. Mats adore le foot.

2020 **Astrid (15) :** Être sociologue et étudier les religions, en Asie ou aux États-Unis.

Olof : Peut-être repartir en Asie du Sud en espérant que les femmes auront conquis leur égalité là-bas.

Viveka : Je souhaite agir pour une économie plus humaine et plus solidaire dans une ONG ou en tant qu'entrepreneur social.

ÉCOLOGIE **Mats (14) :** Voir des éoliennes me rend heureux ! Mes parents ne rachèteront pas de voiture quand la nôtre nous lâchera...

Astrid : Respecter l'environnement avant qu'on perde le contrôle. Même avec des petits gestes : raccourcir la durée de la douche, utiliser moins de papier, éteindre les lumières, se déplacer en métro ou en bus.

Viveka : Nous achetons beaucoup de choses d'occasion pour réduire notre consommation. Dans l'avenir, notre maison de campagne sera équipée de panneaux solaires et d'un transformateur d'eau de mer en eau potable.

Olof : Depuis peu, nous avons changé nos économies en « fonds éthiques » (investissements socialement responsables). Je cultive quelques champs en friche dans le but de recréer des biotopes naturels.

UE **Olof :** L'inégalité des salaires m'inquiète, d'autant qu'on s'en sert de plus en plus pour faire des profits.

Viveka : Je pense que les pays riches peuvent avoir un impact positif sur les pays pauvres, ouvrir des opportunités pour un travail dans des meilleures conditions.

Gunilla & Tomas,

le meilleur Elvis suédois !

Gunilla est professeur dans une école hôtelière et tient parallèlement un bar-restaurant dans le port de Mölle. Elle s'intéresse à la pédagogie et la psychologie. Tomas est directeur du plus grand hôtel du port et d'une radio qui joue uniquement les tubes des années 50 à 70.

Sebastian (19) et Nathalie (25)

dans leur grenier musical.

Sebastian vient de finir l'école. Il travaille dans le restaurant de sa mère en tant que barman. Il fait du surf et de la musique, pense à créer son propre groupe, et a participé en famille à un festival international de musique, avec grand succès. Nathalie est DJ et travaille avec son père à la radio.

2020 **Sebastian (19) :** J'espère être musicien, ou alors ouvrir un bar à Stockholm, Göteborg ou dans un autre pays.

Gunilla et Tomas : Ouvrir un petit restaurant ou un bar en Grèce ou en Espagne.

UE **Sebastian :** Je pense que les Européens sont culturellement riches et donc moins influencés par les modes éphémères.

ÉCOLOGIE **Sebastian :** Je ne fais pas grand-chose à part le recyclage et inciter mes parents à faire pareil.

Gunilla : J'en parle tous les jours à mes élèves. Je les sensibilise aux produits bio et leur dis comment produire écologiquement.

Tomas : Je ne suis pas un bon élève, au lieu de rouler à vélo, je prends ma grosse voiture.

PARENTS **Sebastian :** Mon père n'est pas un père comme les autres. Je l'admire parce qu'il réussit à faire ce qu'il aime : sa musique et l'animation de soirées dans le bar de ma mère. Travailler avec sa mère n'est pas toujours simple, je n'aime pas mélanger le travail avec la vie de famille.

ENFANTS **Tomas :** Nos sommes très proches, nous sommes tous chanteurs et faisons de la musique. Nous partons tous les ans en vacances ensemble et essayons de nous réunir tous les samedis pour déjeuner.

Gunilla : Quand on tient un restaurant, les enfants sont toujours autour car ce n'est pas un travail, plutôt un mode de vie. Je pensais que mes enfants ne travailleraient jamais dans un restaurant et, au final, Sebastian réussit très bien !

« Ma façon de m'habiller n'est pas influencée par la mode, ni par le look de mes amis, mais par la musique. » Sebastian (19)

Gabriela (13), Mihaela (13) et Alessandra (19).

Les jumelles sont très sportives : course à pied, vélo, natation, hockey sur glace et basket-ball… Gabriela sera webdesigner et habitera à Zagreb. Mihaela aimerait prendre des cours de photographie, comme sa mère.

Brankica & Mladen, qui court le marathon et a gagné plus de 500 coupes !

Mladen est ouvrier dans la métallurgie. Brankica a abandonné ses cours de photographie pour rester avec Alessandra, atteinte de trisomie 21. Ils font partie d'un groupe (90 % de femmes) qui nettoie les forêts et crée des pistes cyclables et des parcours d'endurance. Mladen rêve d'ouvrir une école de sport pour enfants de la maternelle jusqu'à l'université.

Francesco & Emanuela bravent les risques dus au tabac !

Emanuela était styliste. Elle s'occupe maintenant de la maison, aime la littérature et le cinéma. Francesco est écrivain et éditeur.

Olmo (19) et Teresa (16).

Teresa est lycéenne et joue au volley-ball. Olmo est étudiant en anthropologie et compose de la musique électronique.

2020 **Emanuela :** Quitter l'Italie pour Madrid.
Francesco : Partir ailleurs – il y a trop de touristes à Florence, la ville a changé et n'est plus agréable à vivre.

ÉCOLOGIE **Olmo (19) :** C'est bien de trouver des remplacements pour le plastique ou le pétrole, mais le gouvernement italien ne fait pas grand-chose pour sensibiliser la population.
Emanuela : Je pense à une cohabitation des familles ; on pourrait s'aider mutuellement, consommer moins en partageant les frais, être entourés et compter sur les autres.

UE **Olmo :** Nous sommes un pays démocratique mais les règles ne sont pas appliquées, c'est pourquoi nous avons envie de quitter l'Italie. Je me sens plus européen qu'italien.
Teresa (16) : Ici il n'y a aucun investissement culturel, les musées se dégradent, l'argent public va dans la poche de notre président.
Francesco : La situation en Italie est très mauvaise, les valeurs, les règles ne sont plus respectées. C'est terrible de ne pas être fier de son propre pays.

ENFANTS **Emanuela :** On se parle beaucoup mais on ne se dit pas tout, je reste sa mère.
Francesco : Nous ne sommes pas leurs amis, nous sommes leurs parents, c'est une règle !

VŒUX **Teresa :** Quitter l'Italie. Trouver un travail qui me plaise.
Olmo : Un métier qui me fasse voyager, découvrir d'autres cultures et m'ouvre à d'autres horizons.

Christina (16) : les « dirndl » sont de nouveau en vogue chez les jeunes filles !

Christina fait du chant folklorique en chorale, s'entraîne dans un club de football féminin deux fois par semaine et... tricote.

Karin & Alois devant leur four « customisé ».

Karin est employée communale. Elle aime la danse de salon qu'elle pratique avec son compagnon. Alois travaille dans les nouvelles technologies. Il préfère le cyclisme à la danse.

2020 **Christina (16) :** J'espère avoir fini mes études de médecine ou de musique et vivre en Australie ou en Suisse.

ÉCOLOGIE **Christina :** À l'école, nous avons instauré un système de covoiturage. Presque plus personne ne vient seul en voiture à l'école !

Karin : Nous utilisons une pompe à chaleur pour le chauffage, c'est un premier pas. Une fois par an, une grande chasse aux déchets est organisée par la ville dans les environs. Au quotidien, je n'ai qu'une demi-heure de pause et dois rentrer à la maison pour déjeuner, pour ça j'ai besoin de la voiture.

Alois : J'ai une bicyclette et deux voitures ! Je pourrais utiliser davantage ma bicyclette.

PARENTS **Christina :** Alois (mon beau-père) vit avec nous depuis sept ans. Nous nous entendons très bien. J'ai eu quelques difficultés avec ma mère au moment de la puberté, maintenant tout va bien. Avec ma mère, je passe tous les ans quelques jours en Italie. C'est une tradition et c'est très cool.

VŒUX **Karin :** Pas de guerre nucléaire et vivre sans problèmes dans notre merveilleuse Autriche !

Pascal (16), Jeannie (12) et Benjamin (14), en compétition de vol !

Benjamin est en section sport-études au lycée. Il joue intensivement au volley, pratique la natation et aime le skate. Pascal est au lycée en section ES avec option sport et joue de la batterie.

Markus & Ursula dans l'atelier d'Ursula avec sa poupée fétiche « Flotti ».

Ursula était institutrice et prof de gym. Ses enfants l'ont inspirée pour ses poupées géantes. Markus est ingénieur en construction mécanique dans le domaine du textile.

2020 **Markus :** Courir le marathon encore longtemps comme ce Liechtensteinois de 74 ans qui a gagné le marathon de New York... dans sa catégorie !

UE **Benjamin (14) :** C'est positif d'aider les autres pays sauf que le Liechtenstein est un tout petit pays qui ne peut contribuer beaucoup.

Markus : L'Europe, c'est important pour une certaine visibilité économique du Liechtenstein mais ça ne changera pas les mentalités. Les gens d'ici ne sont pas très ouverts à l'Europe.

ÉCOLOGIE **Pascal (16) :** Je vais en vélo ou en roller un peu partout dans ce pays – c'est tellement petit.

Ursula : Au Liechtenstein, la grosse voiture reste le symbole d'une certaine réussite sociale.

PARENTS **Benjamin :** Ma mère est très créative comme on peut le voir, je trouve ça un peu exagéré, ses « poupées » sont partout dans l'appartement ! Mon père est toujours de bonne humeur. Par contre, je dois tout négocier avec lui.

ENFANTS **Ursula :** Benjamin se bat beaucoup contre moi, « Flotti » prend trop de place dans la maison.

Markus : Nous avons des règles : la télé c'est une demi-heure par jour et une heure le week-end, ce qui crée beaucoup de disputes et c'est laborieux d'obtenir gain de cause.

VŒUX **Markus :** Trouver une Alpha Romeo PT junior année 1963 !

Clementine & Marcus dans leur atelier, avec une guitare de Marcus.
Marcus imagine des guitares aux formes et sonorités inédites et écrit des nouvelles. Clementine est artiste, elle fait de la sculpture, du dessin et de la photographie.

Gÿs (14) en fan de foot hollandais.
Gÿs ne manque pas un match de foot, joue de la guitare et à la Wii.

UE **Gÿs (14) :** Il y a trop de différences entre les pays de l'Ouest et de l Est. Ce n'est pas facile à gérer sur le plan économique.
Marcus : J'aimerais que l'UE soit plus homogène. Nous pourrions nous inspirer des Américains et nous tourner davantage vers les pays de l'Est.

ÉCOLOGIE **Gÿs :** Je suis végétarien, je prends une douche au lieu d'un bain et nous avons déjà une voiture hybride.
Marcus : J'utilise du bois non traité chimiquement et du vernis naturel.

PARENTS **Gÿs :** Mes amis reçoivent jusqu'à 50 € d'argent de poche, moi, seulement 15. Et ça me suffit. Je pense que c'est mieux pour mon éducation. La seule chose que je n'aime pas : je dois me coucher trop tôt !

VŒUX **Gÿs :** Ne pas redoubler mon année !
Clementine : Exposer plus souvent mon travail.
Marcus : Être un écrivain célèbre.

MA MÈRE EST **PARFAITE :** ELLE EST COMME UNE **AUTRE ADOLESCENTE !**

Saoirse (14), ESPAGNE

Jordi & Lisa / Josep (5) Jana (2) Saoirse (14) / ESPAGNE – Rabos

Zafra & Anette / Ella (12) Jamo (15) / ALLEMAGNE – Hambourg

Auli & Tapani,

chacun avec sa moto.

Auli est directrice générale d'une compagnie dédiée aux technologies de l'information et de la communication (TIC). Tapani travaille dans une entreprise d'instruments météorologiques. Il a aussi une formation d'ingénieur en mécanique et c'est lui qui s'occupe de l'entretien de leurs motos. Chaque année, ils assistent aux rassemblements des motards à travers l'Europe.

Roope (17) et Reetta (14)

avec sa nouvelle robe pour la prochaine compétition de « danse de salon ».

Roope est en section sport-études au lycée. Son sport, c'est la danse de salon qu'il pratique depuis l'âge de 9 ans. Tous les deux s'entraînent au club de danse local et participent à des compétitions internationales. Par manque de temps, ils ont abandonné le sport national finlandais : le hockey sur glace.

2020 **Reetta (14) :** Devenir dentiste.
Roope (17) : Un métier en rapport avec la chimie et les maths. Ce sont mes matières préférées.

UE **Roope :** C'est plus positif que négatif, même avec le problème de la Grèce...
Tapani : J'étais un peu pessimiste quand la Finlande a rejoint l'Union européenne, et je le suis encore.
Auli : Le prix d'un café au bar a augmenté scandaleusement quand nous sommes passés à l'euro ! (Les Finlandais sont les plus grands consommateurs de café au monde : 11,6 kilos par personne et par an !)

ÉCOLOGIE **Roope :** On devrait en faire davantage, mais je ne sais pas par quoi commencer. Nous ne recyclons pas grand-chose sauf le plastique.
Auli : Notre famille devrait en faire un peu plus. On pourrait installer un compost. Mais je n'abandonnerai jamais mon sèche-linge. Je n'y survivrai pas !

PARENTS **Roope :** Il y a des bons et des mauvais moments, mais j'adore voyager avec mes parents.

VŒUX **Auli :** Gagner au Loto ce week-end !
Tapani : Terminer enfin la rénovation de la maison.

«Mon vœu : retourner dans le passé de cinq ou six ans. Je passais plus de temps avec mes parents. Ça me manque.» Reetta (14)

Egils & Ilze.

Ilze travaille à l'administration de l'Opéra national de Riga. Ses hobbies : natation et danse country. Egils est charpentier. Son hobby : aller à la pêche.

Linda (20) et Inga (17)

dans leur chambre en cours de rénovation.

Inga est lycéenne, joue de la guitare, du piano et adore chanter. Linda est étudiante en pédagogie, travaille à mi-temps dans une halte-garderie et écrit des poèmes. Elle partira étudier au Danemark l'année prochaine avec le programme Erasmus. Elles avouent une « mauvaise habitude » : fumer la pipe à eau !

2020 **Inga (17) :** Je serai soit médecin soit musicienne et vivrai dans un pays moins froid, comme l'Espagne.

Linda (20) : D'abord je voudrais voyager un peu (je rêve de découvrir l'Australie), puis me marier. Mais ma priorité, c'est de travailler avec les enfants : l'enfance, c'est le moment où ils ne sont pas encore façonnés par les règles et les codes, c'est passionnant.

Ilze : Voyager si on en a les moyens !

Egils : Je serai à la retraite, ne travaillerai plus pour les autres et pourrai enfin construire ma propre maison.

UE **Linda :** L'UE a construit un grand centre culturel à Riga qui propose des activités pour les jeunes. Dans le même esprit, j'aimerais ouvrir une école européenne pour les petits.

Ilze : Ici, deux grandes usines, dont une sucrerie, ont fermé à cause du coût de la production. Beaucoup d'agriculteurs de la région sont maintenant sans travail. Tout ça parce qu'il est moins cher d'importer du sucre qui vient de l'Union européenne…

ÉCOLOGIE **Ilze :** En été nous faisons du camping au bord d'un lac. Pendant dix jours nous vivons en pleine nature, loin de la civilisation et de la pollution. On fait du feu, on pêche et on récolte des baies… c'est le paradis !

PARENTS **Inga :** Avec ma mère, je m'entends bien, mon père c'est autre chose. On m'a dit que je ne pouvais pas avoir une bonne relation avec lui car je lui ressemble trop.

Linda : Nous avons perdu notre maison, maintenant nous habitons à quatre dans deux pièces, ce qui pose pas mal de problèmes. Mon père est psychologiquement touché par cette situation et les relations familiales s'en ressentent.

ENFANTS **Egils :** Inga a le même caractère que moi, elle sera une femme forte et indépendante.

Ilze : Linda a une belle personnalité, elle est très proche de nous.

VŒUX **Inga :** Je rêve de guérir de ma maladie (une forme d'arthrite rare qui touche le corps entier) et d'aider ensuite les gens dans la même situation.

Linda : J'aimerais faire quelque chose de grand dans ma vie.

ÉCOLOGIE

« Je serais prête à abandonner les sprays déodorants et la laque pour les cheveux. » Linda (20)

Maria a aussi un talent de décoratrice.

Maria, divorcée depuis douze ans, est cuisinière dans un petit restaurant. Elle réalise des vêtements customisés et des objets de déco à partir de matériaux récupérés. Elle aimerait voyager pour s'inspirer d'autres cuisines... en commençant par les Pays-Bas.

Spyridoula (14) et Jim (12).

Spyridoula rêve de devenir actrice, elle danse et chante. Elle a envie de partir à Patras, la ville en bord de mer où habite son père. Jim, initié par son père au motocross à l'âge de 3 ans, fait déjà plein de compétitions et rêve sérieusement d'être champion du monde.

ALLEMAGNE – Bergisch-Gladbach

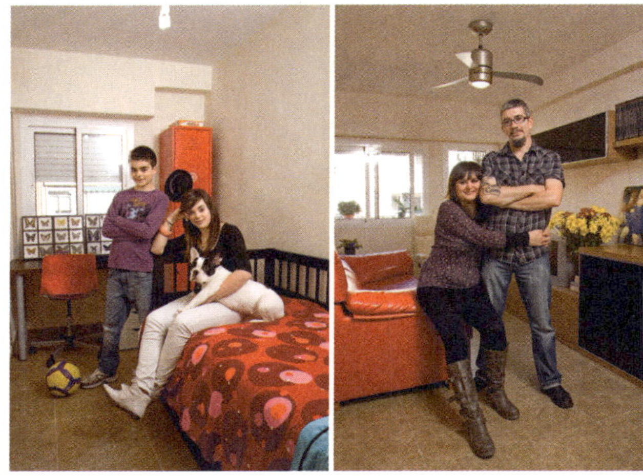

ESPAGNE – Murcia

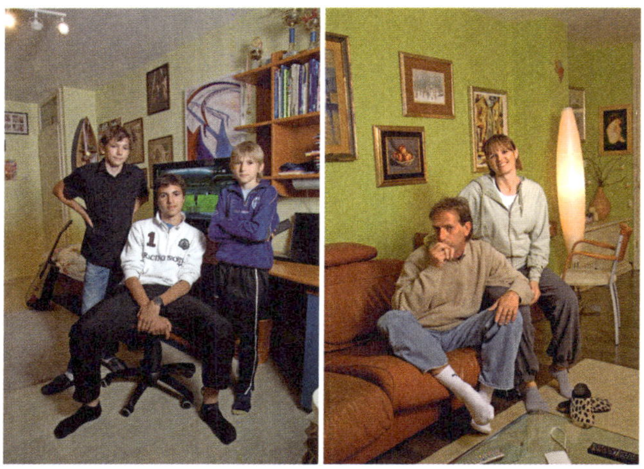

CROATIE – Zagreb

PORTUGAL – Olivais

POLOGNE – Szczawnica

SERBIE – Belgrade

CROATIE – Zagreb

ESPAGNE – Rabos

PORTUGAL – Ericeira

UKRAINE – Kosiv

LETTONIE – Ikskiles

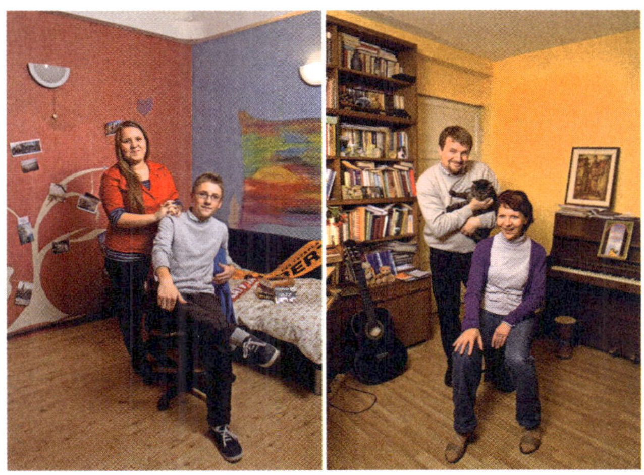

LETTONIE – Riga Bergi

« Les ados croient toujours au grand amour ! »

Janet & Colin
avec une toute petite partie de leur cheptel…

Ils vivent au milieu d'un parc national au pays de Galles avec un troupeau de 800 moutons. Colin dresse ses propres chiens de berger qui ont fait le nécessaire pour rassembler quelques moutons pour la photo.

Anwen (20) et Bronwen (18)
avec la robe de bal de fin d'année de Bronwen.

Bronwen espère faire des études d'économie et travaille comme maître nageur l'été. Anwen est diplômée en éducation physique. Elles sont membres du « Club des jeunes fermiers ».

2020 **Colin :** J'aimerais bien me lever le matin et ne pas être obligé de travailler, mais faire les choses quand ça me chante.

UE **Anwen (20) :** Je ne sais pas grand-chose de l'UE.
Bronwen (18) : Je me sens plus anglaise qu'européenne.
Colin : Il y a du bon et du mauvais dans l'UE. Nous avons plein de nouveaux règlements qui ne nous facilitent pas la vie. Rien que pour la traçabilité des moutons, la paperasse est énorme.

ÉCOLOGIE **Janet :** Nous emmenons une fois par semaine nos déchets au point recyclage.
Colin : Nous vivons dans une zone naturelle écologiquement sensible. Nous sommes obligés de garder cet endroit le plus propre possible. L'élevage est très réglementé.

PARENTS **Bronwen :** Il y a certaines règles que je respecte pour ne pas décevoir mes parents.
Anwen : J'adore aider mes parents pendant la période de naissance des agneaux. Chaque année au mois de mars, 500 agneaux naissent à la ferme et il faut s'occuper d'eux et de leurs « mamans ».

ENFANTS **Janet :** Nous habitons très loin de tout et ce n'est pas toujours évident pour des adolescents.

VŒUX **Janet et Colin :** Devenir propriétaires de notre propre maison et ferme. Ici, nous ne sommes que locataires, car cette ferme appartient à la Régie des eaux.

Marina (14) et Nikoleta (12) devant leur « tableau de tendances ».

Marina est au collège et joue du piano. Nikoleta fait du violon et est passionnée de cinéma. Elles partent souvent avec leurs parents à la capitale pour aller au cinéma.

Nikolai & Maja dans leur salon qui ressemble à une galerie d'art.

Nikolai, ingénieur de formation, est éditeur et collectionneur. Il avait une galerie d'art contemporain où il représentait les artistes monténégrins. Maja travaille au service culturel de la mairie.

2020 **Nikoleta (12) :** J'aimerais être réalisatrice de films d'horreur, de science-fiction et de comédies aux États-Unis.

Marina (14) : Je serai actrice et aurai une grande famille avec 6 enfants. J'habiterai au Monténégro, jamais je ne quitterai mon pays.

UE **Nikolai :** Les droits doivent être pareils partout. L'UE peut nous aider à évoluer, à mettre nos droits à la hauteur des autres pays.

ÉCOLOGIE **Nikoleta :** Il faut recycler mais personne n'est habitué à le faire dans notre pays. Le président du Monténégro devrait s'investir davantage !

Marina : Dans notre école, nous avons des journées spéciales, où nous nettoyons les deux parcs publics de la ville, et une journée pour planter des arbres.

Maja : La municipalité a commencé à lever des fonds pour un traitement des déchets plus efficace.

PARENTS **Marina :** Ma mère est amusante, elle m'aide dans la vie... mais notre différence d'âge fait qu'elle ne comprend pas toujours ce qu'est la vie des jeunes d'aujourd'hui.

ENFANTS **Maja :** Nous sommes très proches mais il n'y a pas de copinage entre mère et fille. À chacun sa place. Marina a un caractère fort et impose ses opinions. Nikoleta est plus flexible.

Ana & Marco-Paulo

dans leur pièce préférée : la salle de billard.
Ana, ancienne journaliste, a ouvert son agence de relations publiques. Elle aime cuisiner, tricoter et créer des bijoux en pâte Fimo. Marco-Paulo travaille dans une brasserie (contrôle qualité et maintenance des machines).

Filipe (14) et Joao (14)

les jumeaux.
Filipe joue au foot et aux jeux vidéo. Joao, lui, préfère construire des cabanes dans les bois avec ses copains. Ils n'ont pas beaucoup de temps à consacrer aux loisirs, car les trajets pour l'école sont très longs.

2020 **Filipe (14) :** J'étudierai les arts plastiques. Peut-être que j'aurai une famille et, pourquoi pas, des jumeaux...
Joao (14) : Après mon bac, je ferai une école militaire pour devenir ingénieur dans les nouvelles technologies. Je vivrai à Londres, aux États-Unis, ou en Norvège, c'est un pays très développé.
Ana : Nous resterons ici, nous avons construit notre maison pour la vie. Je rêve d'une agence avec plus de personnel afin d'avoir plus de temps libre.

ÉCOLOGIE **Filipe :** Nous sommes assez sensibilisés par l'école depuis qu'on a 7 ans, par contre je ne me sens pas motivé pour trier les déchets.
Joao : Ce que je trouve anti-écologique : couper les arbres.
Ana : Je connais les problèmes liés à l'environnement, les initiatives vertes... Mais je n'y contribue pas. Je ne recycle rien : nous n'avons pas de poubelles spéciales. C'est Joao qui nous pousse à en faire plus.
Marco-Paulo : J'ai changé les ampoules dans la maison (plutôt pour faire des économies) et nous avons un panneau solaire pour l'eau chaude. Mon prochain projet est d'installer des panneaux solaires plus grands pour produire l'électricité pour tous nos besoins.

UE **Ana :** Le Portugal était en retard par rapport aux autres pays européens. L'UE nous a donné une chance de nous développer, nous avons bénéficié de fonds pour construire des routes, des ponts et améliorer les transports. Par contre, nos agriculteurs ont souffert des mesures européennes : ils sont maintenant payés pour ne pas produire, ils n'ont pas le droit d'exporter leurs pommes parce qu'elles sont trop petites. Et les pêcheurs ne peuvent pas vendre certains poissons parce qu'ils font partie des espèces protégées...

PARENTS **Filipe :** J'adore partir en mer et aller pêcher avec mon père.
Joao : Ma mère nous accompagne partout, elle a un esprit très jeune et je parle facilement avec elle. Quand je serai père, je donnerai un peu plus de liberté à mes enfants.

VŒUX **Ana :** Je rêve d'avoir des journées de 48 heures !

«Ce qui m'énerve chez mon père : il chante tout le temps en anglais mais ne sait pas parler anglais !» Filipe (14)

Marek & Eva et leur chien se sont mis en scène sur leur canapé favori.

Eva est infirmière et Marek jardinier au zoo de Pilsen. Tous les deux sont de grands fans de cinéma. « Maintenant c'est un problème de prévoir une sortie en famille, les enfants ont simplement envie d'autre chose. J'aimerais être un ami pour Eliska mais elle me voit plutôt comme un père. »

Eliska (13) et Nikulas (12).

Eliska rêve de devenir actrice ou infirmière. « Ma mère rit tout le temps, elle a beaucoup d'humour. Mon père aussi, sauf quand on se dispute : il se fâche vraiment. On n'a pas les mêmes goûts en musique et en littérature, et ça crée pas mal de conflits. »
Nikulas aime les serpents et joue au floorball.

Lubica & Stanislav

chatouillé par Lubica !

Stanislav est programmeur en informatique. Lubica travaille dans une célèbre entreprise qui construit des voitures de course miniatures exportées dans le monde entier. Ces voitures équipées d'un moteur et téléguidées ont leur propre championnat du monde. Lubica ne participe pas aux compétitions : son travail est de mettre ces précieux jouets en boîte.

Tom (21) et Nicola (19).

Tom chatouillé par son rat !

Nicola va commencer ses études de management à l'université de Trencin où tous les cours sont en anglais. Tom est étudiant en sciences et nouvelles technologies. Il pratique le badminton, un sport très populaire en Slovaquie.

2020 **Nicola (19) :** Je vais surtout voyager. Pas d'enfant avant mes 30 ans, et après un seul suffira !

Tom (21) : Je travaillerai dans l'informatique, aurai un bon poste ou ma propre boîte. J'aime croire que je serai marié, avec 3 ou 4 enfants, ça me semble plus facile que 2 qui se disputent sans arrêt, comme ma sœur et moi !

Stanislav : On va voyager quand les enfants seront partis.

ÉCOLOGIE **Tom :** Il faudrait utiliser plus de métaux alternatifs ou l'énergie solaire, mais ce n'est pas toujours possible.

Stanislav : Dans notre entreprise, nous avons des règlements très stricts en ce qui concerne la protection de l'environnement et notamment la pollution de la nappe phréatique.

UE **Stanislav :** L'UE a aidé à développer nos infrastructures et notre économie mais actuellement nous sommes inquiets par rapport à ce qui se passe en Grèce.

PARENTS **Nicola :** Je crois que j'aurai du mal à trouver un mari aussi parfait que mon père !

Tom : Nous avons plus d'opportunités que nos parents, j'ai plein de projets pour l'avenir, il faut travailler dur et réussir mieux qu'eux.

VŒUX **Tom :** Passer une bonne journée, rendre visite à mes amis et me coucher avec un sourire.

Nicola : Rencontrer l'homme de ma vie.

Stanislav : Que notre photo soit parfaite !

« Plein de choses ont changé depuis que la Slovaquie fait partie de l'UE, mais il y aura toujours des règles qui déplaisent à certains pays, il est impossible de contenter tout le monde. » Tom (21)

Njeri & Werner,

séparés dans la vie, réunis pour la photo.

Werner est ingénieur en électrotechnique et fait du conseil à l'étranger. Njeri est originaire du Kenya. Économiste de formation, elle a créé une petite entreprise (Hot Pot) qui propose des soupes en bocal. Elle dirige également des séminaires et conseille les immigrants dans un service d'assistance aux étrangers.

Felix (21) et Imani (14)

entre deux rangements !

Imani est au lycée. Elle joue du piano, de la flûte traversière, fait du baby-sitting, est secouriste à l'école et tente des expériences dans son labo de chimie. Felix fait des études d'ingénieur en conception mécanique, est pompier volontaire et membre d'une association d'étudiants qui pratiquent le duel à l'épée.

2020 **Imani (14) :** Je ferai des études de biochimie et serai ingénieure en Angleterre ou aux États-Unis.
Felix (21) : Je resterai dans la région et travaillerai dans l'industrie automobile.
Njeri : Les enfants seront partis et je ferai plus souvent la navette entre le Kenya et ici. J'espère que « Hot Pot » sera devenue une grande entreprise que je pourrai vendre ensuite. Peut-être que je ferai de la politique et, qui sait, deviendrai chancelière allemande !

ÉCOLOGIE **Imani :** Ce qui me choque, ce sont les usines qui polluent les rivières.
Felix : L'Allemagne veut abandonner les centrales nucléaires et construire des centrales thermiques au charbon, c'est un non-sens.
Werner : La voiture électrique c'est bien, mais si l'électricité nécessaire pour les batteries vient d'une centrale thermique, le taux de pollution est le même qu'avec une voiture classique. On devrait acheter quelques milliers d'hectares au Sahara et construire des centrales solaires.
Njeri : Nous devrions produire moins de déchets au lieu de recycler. Le recyclage n'est qu'un alibi, les déchets ne disparaissent pas de la terre.

UE **Felix :** C'est un modèle extraordinaire, cet énorme espace où les gens et les marchandises peuvent circuler librement. Il reste encore beaucoup à faire au niveau politique, mais on doit continuer dans cette voie.
Njeri : C'est le monde, et pas seulement l'Europe, qui doit s'unifier.
Werner : Nous ne pouvons plus nous « battre » contre les grands pays, la Chine, la Russie, l'Inde. Nous devons faire davantage pour que l'UE soit forte et unie.

PARENTS **Felix et Imani :** Nous avons eu une éducation formidable et nous allons reprendre les méthodes de nos parents plus tard !

ENFANTS **Njeri :** Ils ne sont pas difficiles, en comparaison de mon adolescence en tout cas ! Ça me rajeunit de voir leur univers, surtout moi qui viens d'une culture tellement différente.
Werner : La dernière vraie aventure du monde actuel, c'est élever nos enfants !

VŒUX **Felix :** Moins de mensonges dans la politique.
Imani : Un piano à queue.
Njeri : Moins de pauvreté et plus d'eau potable.
Werner : Un peu plus de modestie et moins d'égoïsme dans le monde entier.

« Je ne suis pas sûr que le recyclage des déchets soit aussi utile qu'on le dit,
mais la réutilisation est durable ! » Felix (21)

EN 2020, J'HABITERAI À LA **CAMPAGNE** POUR QUE **MES ENFANTS** SACHENT À QUOI **RESSEMBLE UNE VACHE.**

Sarah (19), ALLEMAGN

Cosimo (17) / Alesandro & Elisabetta / ITALIE – Florence

Markus & Gudrun / Sarah (19) Moritz (17) / ALLEMAGNE – Bergisch-Gladbach

Thomas & Meike, avec une famille de lions fraîchement arrivée...
Meike est journaliste pigiste et auteur. Son signe astrologique est Lion. Les fauves lui donnent une grande force mentale ; elle n'est pas chasseuse, cette famille de lions vient d'une vente aux enchères. Thomas est adjoint de direction d'un grand cirque.

Florian (18) et Marie (15) avec un fauve bien vivant.
Marie est lycéenne, aime la photo, le cirque et le cabaret. Florian, après avoir accompli son « année sociale » en Espagne, débutera ses études de droit dans le but de devenir juriste économique. Il est également bénévole dans un atelier pour personnes handicapées.

Florian (18) Marie (15)
Thomas & Meike

« La terre nous a tellement donné qu'il est temps de lui rendre quelque chose. Les chercheurs devraient trouver des solutions pour que nous puissions vivre en bonne harmonie. » Marie (15)

2020 **Marie (15) :** Je travaillerai dans l'événementiel pour un cirque ou un cabaret, comme mon père, en Angleterre ou aux États-Unis.

Florian (18) : Mes études seront finies et j'espère pouvoir commencer à travailler et avoir un bel appartement.

Thomas : Avant, toute la famille habitait dans une roulotte en suivant le cirque. Quand les enfants sont rentrés à l'école, nous sommes devenus sédentaires. J'ai proposé à Meike de vivre de nouveau dans une roulotte quand les enfants seront partis... Elle m'a répondu : « Je demande le divorce ! »

Meike : Nous aimerions vivre à Düsseldorf, une ville trépidante et élégante.

ÉCOLOGIE **Florian :** L'idée d'avoir une voiture propre me plaît beaucoup. Par contre, devoir changer toutes les ampoules de la maison est exagéré.

Meike : C'est comme un cancer, on ne s'en rend pas compte tant qu'on n'a pas mal. Tant que l'humanité ne souffre pas, personne ne se lève pour dire : Maintenant ça suffit ! Il faut agir !

Thomas : Le cirque est un loisir qui ne pollue pas, et qui d'une façon très simple crée la joie.

UE **Florian :** Le plus important, c'est de créer des connexions entre les pays. En dehors de ça, chacun peut garder ses coutumes et sa culture.

Meike : Ce que je regrette, c'est la perte de l'identité. Trouver les mêmes produits partout, c'est d'une grande tristesse...

PARENTS **Florian :** Je suis très satisfait ! Quand je vois les familles de mes camarades de classe, je me dis que je suis plutôt bien élevé et doté d'une bonne dose de morale.

ENFANTS **Thomas :** Tous les âges ont leur charme... mais, avec une fille adolescente, c'est un peu plus compliqué.

Meike : Il y a beaucoup de compréhension et d'amour. Une fille à l'âge de la puberté, ce n'est pas toujours facile. Avec mon fils, c'était très différent.

VŒUX **Thomas :** Notre cirque sous la tour Eiffel à Paris !

CAFE

Cem & Aysim.

Aysim est conseillère d'orientation et directrice de deux haltes-garderies privées. Ses hobbies : tennis, dessin, sculpture, soufflage du verre. Cem est ingénieur en bâtiment. Il joue dans l'équipe nationale senior de tennis et collectionne des pièces archéologiques.

Ece (17)

en train de mitonner le dîner.

Ece est dans un lycée privé du côté asiatique d'Istanbul. Elle espère entrer dans une université qui propose un programme d'échange avec d'autres universités à l'étranger. Elle adore lire, sortir et boire avec ses copines.

2020 **Ece (17) :** J'envisage trois métiers : illustratrice pour un magazine féminin, chef cuisinière ou psychologue. Je ne suis pas sûre de vouloir me marier mais j'adore les enfants et j'aurai trois fils !

Cem : Nous habiterons peut-être en bord de mer, à Marmara où nous avons déjà une petite maison et un bateau.

Aysim : Je garderai un lien avec ma profession et écrirai des livres sur l'éducation et le développement des enfants.

ÉCOLOGIE **Ece :** Je suis membre du MUN Club (Model United Nations), c'est un groupe qui organise des débats sur les relations internationales. La nature est importante pour moi et je soutiens Greenpeace par un don mensuel. Je rejoindrai cette organisation dès que j'aurai 18 ans.

Aysim : Le désastre écologique se voit partout. Dans vingt-cinq à trente ans nous risquons de devenir un désert, notamment la région de l'Anatolie. Il n'y a pas de contrôle des naissances : la population va beaucoup augmenter et nous n'avons pas les moyens de l'élever et de l'éduquer. C'est aussi un problème écologique.

UE **Ece :** J'aimerais bien que la Turquie devienne membre de l'UE mais je ne suis pas sûre qu'elle soit acceptée. L'islam fait peur et je ne pense pas que ça change un jour. Je suis musulmane comme tous les Turcs mais pas pratiquante.

Aysim : Essayer de devenir un membre de l'UE serait un bon exercice pour la Turquie et l'obligerait à réviser les lois et droits de l'homme. Si j'étais citoyenne européenne, je ne tolérerais pas la Turquie : 55 % de la population a moins de 25 ans, je serais inquiète que tous ces jeunes arrivent et acceptent n'importe quel travail en étant moins chers et moins qualifiés. En tant que non-membre, ce qui m'embête, c'est la difficulté d'obtenir un visa.

PARENTS **Ece :** Ma mère est ma meilleure copine et mon père est un peu comme un enfant, difficile à contrôler, mais il est très drôle. Ils me font totalement confiance.

ENFANTS **Aysim :** Je lui transmets les valeurs familiales, mais elle est libre de choisir.

Cem : Ma femme est psychologue pour enfants, je lui fais entièrement confiance !

VŒUX **Ece :** Être une jeune mère et gagner beaucoup d'argent pour faire le tour du monde.

Aysim : Je rêve d'être une jeune grand-mère.

«Je ne serai pas une mère typiquement turque,
je laisserai mes enfants faire des choses que moi-même je n'ai pas fait à leur âge.»
Ece (17)

Ahmed & Marcelle

dans le petit coin bureau de Marcelle.
Marcelle, ancienne thérapeute pour enfants handicapés, fait à présent des études en politique sociale. Ahmed a trois métiers : pasteur, avocat et directeur d'un centre de réfugiés. Il s'occupe actuellement des migrants africains (Tunisie et Libye). Originaire du Ghana, il vit depuis vingt ans à Malte.

Naomi (14), Jasmine (13) et Ezehiel (9),

l'orchestre familial dans l'entrée de leur maison.
Naomi danse et chante. Elle vient de passer une audition pour l'Eurovision hier et attend tout excitée le résultat ! Jasmine joue du violon et fait du sport.

2020 **Naomi (14) :** J'aimerais devenir journaliste mais mon père préfère que je sois avocate. On verra bien...
Jasmine (13) : Je serai décoratrice d'intérieur, aurai 3 enfants et vivrai en Allemagne.
Ahmed : Mes enfants seront adultes et ce sera merveilleux !

ÉCOLOGIE **Naomi et Jasmine :** Nous avons des groupes qui se réunissent pour trouver des moyens de sensibiliser le monde au recyclage et à l'environnement. Nous organisons un « Green Day » (journée verte) où tout le monde s'habille en vert pour planter des arbres et collecter des déchets. La vidéo est sur le site Web de l'école.
Naomi : À Malte, le paysage est pollué avec des déchets en tout genre. De temps en temps les gens viennent nettoyer et ramasser tout ça, mais la semaine d'après c'est de nouveau recouvert d'ordures.

UE **Naomi :** Nous sommes dans l'UE depuis 2004, les voyages sont bien plus faciles maintenant, et surtout tout est moins cher qu'avant ! C'est très bien pour nous.
Marcelle : À Malte, nous sommes contents d'être dans l'UE quand il s'agit de toucher des subventions, mais beaucoup moins quand nous devons faire des efforts pour aider les pays en difficulté.
Ahmed : Pour les jeunes, l'UE apporte plein d'opportunités, mais pour les anciens qui ont connu l'occupation par les Britanniques et qui ont combattu pour l'indépendance, c'est dur à accepter. Malte n'est pas européenne, ni dans l'esprit ni dans son apparence, mais sera toujours tournée vers l'Europe : les Maltais ne sont pas arabes ni africains.

PARENTS **Naomi :** Mes parents sont très différents ; si nous demandons quelque chose, ma mère va crier et s'énerver, mais mon père qui est très intelligent et rusé dira : « Je serai très déçu si vous faites ceci ou cela... », alors nous nous sentons coupables et embarrassées, ça marche très bien.
Jasmine : Je donnerai à mes enfants plus de liberté de décision, comme ça ils pourront en voir les conséquences.

VŒUX **Naomi :** Comme journaliste ou avocate, je pourrai changer les choses et aider les gens. Alors, avant ma mort, je pourrai penser aux actions que j'ai menées et être heureuse.
Jasmine : Être une bonne mère.
Ahmed : J'ai un sentiment de plénitude... je n'ai pas de vœux.

« En 2020, je ne me vois pas à Malte, c'est trop étriqué ; je travaille très dur pour obtenir une bourse pour mes études. » Naomi (14)

Marge, propriétaire de 13 moutons et d'un side-car ukrainien.

Marge est au chômage. Elle nettoie les poissons de son frère pêcheur, tricote et tisse ses vêtements (chaussettes et jupes) selon la tradition à Kihnu. Comme la plupart des femmes dans cette île où les hommes sont soit à la pêche soit à l'étranger, elle utilise un side-car pour ses courses quotidiennes.

Aliis (15) au jardinage.

Aliis est au collège sur l'île. L'année prochaine, elle intégrera le lycée à Pärnu.
Elle joue au foot dans une équipe mixte (par manque de joueurs) et fait de l'accordéon.
« J'aide ma mère à repriser les filets de pêche et je garde les moutons. »

Antonio-José & Ana-Margarida avec son T-shirt écologique.

Ana-Margarida était graphiste et s'occupe maintenant d'un restaurant hérité de son père. Son seul produit bio : les citrons de son jardin. Antonio est agent immobilier et grand supporteur du Benfica Lisbonne.

Maria (15).

Elle a voulu poser dans l'escalier « parce que ce matin ma mère m'a obligée à faire mon lit, ce qui normalement n'est pas le cas les samedis » !

2020 **Maria (15) :** Je rêve de devenir avocate spécialisée dans l'environnement ou les droits de l'homme. J'aime discuter politique et refaire le monde. Je pense que je serai une bonne avocate.

ÉCOLOGIE **Maria :** À l'école, on nous fait peur avec les problèmes d'écologie mais on ne nous donne pas de solution concrète.

Ana-Margarida : J'enrage de voir tous ces déchets jetés des bateaux et échoués sur notre plage ! Nous avons une maison sur une île dans l'Algarve, les deux premiers jours on ramasse tout. Nous avons acheté de l'électroménager à basse consommation pour notre maison.

UE **Ana-Margarida :** Dans l'UE, je me sens en sécurité, on est un petit pays mais on fait partie d'un grand club.

PARENTS **Maria :** Je ne suis pas maternelle, je n'aime pas les enfants. Mais j'aimerais me marier, et si mon mari le souhaite nous aurons des enfants parce que notre vie ne serait pas complète sans : c'est notre nature, nous sommes faites pour ça. Ce n'est pas un point de vue catholique mais scientifique. Je crains d'être une mère horrible, je suis une personne très froide, une mère doit être chaleureuse.

ENFANTS **Ana-Margarida :** J'espère qu'elle trouvera l'amour. Pour moi, vivre avec quelqu'un c'est très important.

Antonio-José : Maria a de la volonté, du caractère et veut sortir du lot.

Ceren (17) dans sa tenue scolaire.
Elle se prépare à passer son bac et souhaite étudier la gestion aux États-Unis.

Gaye.
Elle est avocate, aime la littérature et surfer sur le Net.

2020 **Ceren (17) :** Je serai organisatrice de spectacles à Los Angeles ou directrice d'un grand nom de la mode.

Gaye : J'aimerais changer de métier, créer une fondation pour l'éducation des enfants turcs d'origine modeste et les suivre jusqu'à l'université.

ÉCOLOGIE **Ceren :** J'aimerais devenir membre de Greenpeace. À l'école, nous avons une « Green Team » qui initie les plus petits au développement durable.

Gaye : Je ne fais pas grand-chose à part des dons à certaines associations.

UE **Ceren :** Je sais qu'ils ne veulent pas de nous et que la Turquie aimerait bien en faire partie.

Gaye : Je suis fâchée contre elle, elle repousse régulièrement l'entrée de la Turquie. Je ne crois pas qu'on sera membre avant quinze ans.

PARENTS **Ceren :** Je vois beaucoup de mères de mes amies, mais la mienne est la meilleure ! Elle m'autorise à boire de l'alcool mais je ne bois pas beaucoup… juste une fois par semaine.

ENFANTS **Gaye :** Ma fille veut étudier aux États-Unis, ça me fera pleurer, mais je la laisserai partir… Nous discutons beaucoup et dormons parfois ensemble, mais dans ce cas il y a aussi le chien. Du coup, il y a trop de monde dans le lit !

VŒUX **Ceren :** Un mari loyal et des enfants respectueux.

Gérard & Caroline,

fraîchement arrivés de Capetown.
Gérard est directeur d'hôtel d'une grande chaîne et change de pays tous les deux ans. Caroline, d'origine américaine, est femme au foyer.

Manon (9), Lauren (14) et Nathalie (18),

futures stars !
Nathalie et Lauren sont à l'École internationale. Nathalie a déjà vécu dans sept pays différents depuis l'âge de 3 ans. Elle aime l'art, le design, la photo et danser la salsa. Elle participe même à des concours. Lauren adore chanter, écrit ses propres chansons et a participé à un show télévisé du genre *Nouvelle Star* en Afrique du Sud.

2020 **Nathalie (18) :** Je serai une éternelle voyageuse. J'habiterai probablement en Asie, à Hong Kong, et travaillerai dans une agence internationale de relations publiques.

Gérard : On verra bien, l'Espagne est notre 11e pays d'accueil, alors tout est possible...

UE **Gérard :** L'union fait la force, il faut être patient, on rectifiera en cours de route.

ÉCOLOGIE **Lauren (14) :** Je suis toujours choquée par le gaspillage de la nourriture : quand on a vécu en Afrique, on devient très sensible à ce sujet.

Nathalie : Je suis toujours en contact avec une ONG qui combat le braconnage des animaux, notamment des lions, et essaie de communiquer le plus possible là-dessus. Nous sommes trois filles à la maison, chacune prend une douche d'au moins 30 minutes, c'est carrément exagéré !

Gérard : Dans nos hôtels, il y a déjà des initiatives concernant l'eau, l'électricité et le recyclage. Nous utilisons de plus en plus de produits locaux en cuisine et mettons des bicyclettes à disposition de nos clients.

Caroline : Les filles ont vu les effets dévastateurs de la pollution à Bangkok, elles comprennent très bien qu'il faut faire des efforts.

PARENTS **Lauren :** J'ai l'âge de faire la fête le week-end, mais si ma mère dit non, c'est vraiment non.

Nathalie : J'aime que mon père m'emmène à des événements professionnels.

ENFANTS **Gérard :** Ma préoccupation première est de passer plus de temps avec elles. J'ai l'impression de perdre un peu trop le contact, surtout avec les deux grandes. Être ado, c'est être en mutation. Je pardonne certaines choses mais je tiens à ce qu'elles soient respectueuses des autres. La politesse est une valeur importante.

Caroline : On a une vie très atypique, on change de pays tous les deux ans, ce n'est pas toujours facile pour elles de quitter leurs amis et changer de maison mais elles sont toujours prêtes à découvrir de nouvelles cultures.

VŒUX **Nathalie :** Faire carrière et gagner beaucoup d'argent.

Gérard : Que mes enfants continuent à apprécier l'art. Ce qui est beau est toujours intéressant.

Caroline : Avoir une maison familiale « fixe ».

2020
« Je me vois vivre à New York ou Los Angeles, faire de la musique et recevoir un Grammy Award ! » Lauren (14)

MAMBO
RTM

IRLANDE, CARLINGFORD
Bataille navale dans les eaux irlandaises.

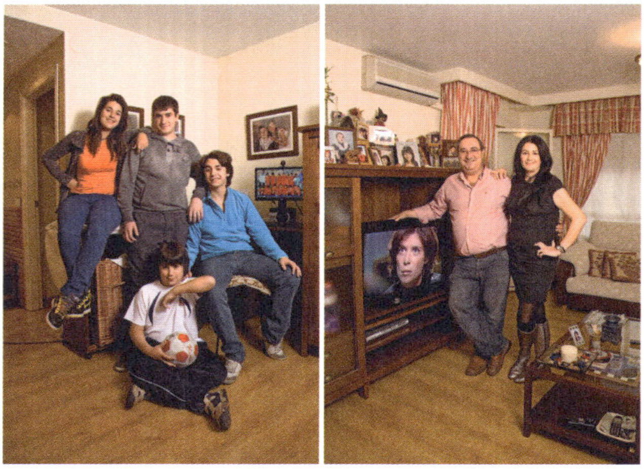

ESPAGNE – Cabezo de Torres

RUSSIE – Moscou

ALLEMAGNE- Plochingen

FRANCE – Montreuil

RÉPUBLIQUE TCHÈQUE – Prague

LETTONIE – Riga

ITALIE – Novare

FRANCE – Paris

PORTUGAL – Lisbonne

ESTONIE – Kihnu

ITALIE – Florence

BELGIQUE – Hélécine

« L'essentiel est d'avoir des ados curieux du monde. »

Slobodan & Ljiljaha.

Slobodan est un des comédiens les plus connus au Monténégro, il a joué une centaine de rôles au Théâtre national, dont celui du roi Negush, héros national qu'il a incarné durant vingt-quatre ans. Ljiljaha travaille dans l'administration à la municipalité.

Danilo (25), Andjela (10) et Blagota (25).

Andjela, avec une de ses œuvres, est entourée de ses frères jumeaux.
Dessiner et peindre est une part importante de la vie d'Andjela mais elle fait également de la gymnastique, du piano et du ballet. Elle vient de faire sa première exposition dans un espace culturel de la ville. Blagota s'occupe des relations européennes au gouvernement. Il est aussi journaliste et organisateur de festivals de musique et de « free thinking ». Danilo est réalisateur et a créé sa propre maison de production.

2020 **Andjela (10) :** Actrice de cinéma en France ou aux États-Unis.
Ljiljaha : Vivre dans notre datcha en bord de mer.
Slobodan : Je ne quitterai jamais les planches !

UE **Ljiljaha :** Nous allons rejoindre l'UE très prochainement !
Slobodan : Grâce à l'UE, le Monténégro va redevenir ce qu'il était il y a 500 ans : une nation forte et prospère. Nous sommes déjà un pays multiculturel et démocratique.

ÉCOLOGIE **Ljiljaha :** Pour le moment, notre industrie n'est pas très développée, il n'y a pas encore trop de pollution.
Slobodan : Le Monténégro, qui possède 5 parcs nationaux, est considéré comme le pays le plus écologique du monde. (Suite au sommet mondial de Rio, il s'est déclaré « État écologique ».) Notre famille est contre l'énergie nucléaire.

PARENTS **Andjela :** Ma mère veut tout savoir et me pose trop de questions... Mon père est trop occupé, mais j'adore voyager avec lui. Quand je serai grande, j'aurai 3 enfants et je serai une mère plus stricte.

VŒUX **Andjela :** Avoir un caniche.
Slobodan : Avoir des ailes et voler dans l'espace.
Ljiljaha : Partir dans une île exotique.

ÉCOLOGIE

« Moi, je m'inquiète surtout pour la nature : la forêt, les animaux, les rivières et la mer. » Andjela (10)

Juris & Ilona dans leur serre pleine de tomates « périmées ».

Juris est ingénieur en technologies énergétiques. Son hobby : le hockey.
Ilona est assistante sociale à Riga, elle est bénévole et s'occupe des chômeurs.
Elle adore la danse et le chant folklorique.

Klaus (19) et Lucja (17) dans la chambre de Klaus, devant sa table de mixage.
Klaus est étudiant à Riga pour devenir ingénieur informatique. Il adore la photo et la vidéo. Il est guitariste et compositeur dans un groupe de hardcore. Lucja est en première année d'études de décoration d'intérieur. Passionnée de musique et de stylisme, elle réalise ses propres vêtements.

Klaus (19) Lucja (17)
Juris & Ilona

« Ma petite amie vient de me larguer, il est temps de changer mon look. » Klaus (19)

2020
Lucja (17) : Je partirai en Angleterre pour continuer mes études. Avec mari et enfant.
Klaus (19) : Je me vois réussir en tant qu'homme d'affaires sur Internet.
Ilona : Continuer de travailler dans mon domaine. J'aime mon pays.
Juris : Je serai peut-être grand-père... À l'époque soviétique, on était père ou mère à 18 ans.

UE
Klaus : L'UE nous donne beaucoup d'opportunités de voyager, de gagner de l'argent ou d'en recevoir pour nos projets. Mais avec tous ces Russes en Lettonie je me sens très peu européen. En plus, ici, nous sommes au bout de l'Europe.
Juris : La situation des agriculteurs est très mauvaise. Par exemple, nous mangeons des pommes qui viennent de Pologne, alors que nous en avons de très bonnes chez nous.
Ilona : L'UE finance plein de projets, pas toujours bien ciblés : je rencontre des chômeurs qui reçoivent beaucoup d'aides et gagnent probablement plus qu'un salarié.

ÉCOLOGIE
Lucja : Seule une catastrophe pourrait me faire agir !
Ilona : Dans notre jardin et notre serre, nous cultivons sans engrais : pommes de terre, choux, poivrons, courgettes, tomates, carottes, pommes... pour notre consommation. Nous n'achetons que le pain, les œufs et la viande. Le lait vient directement de la vache du voisin.

PARENTS
Klaus : Plus tard, je serai plus strict avec mes enfants. Je leur dirai ce qu'il faut faire et leur donnerai les moyens de se réaliser.
Lucja : Ma mère râle tout le temps, c'est une autre génération, elle est née sous le régime soviétique.

ENFANTS
Ilona et Juris : C'est dur. Ils pensent qu'ils savent tout et ils ne se soucient de rien. Mais quand il y a du travail à faire, on peut compter sur eux. En hiver, quand il faut trouver du bois pour le chauffage, toute la famille part en forêt pour le couper.

VŒUX
Klaus : Devenir une star !
Lucja : *Make love, not war.*
Ilona : Que la Lettonie se développe davantage. Vivre sans stress, gagner plus d'argent.
Juris : Partir une semaine en Italie avec toute la famille.

18 97

Tom & Henriette,

comme tous les Norvégiens, ont voulu poser dans la nature.

Tom est fonctionnaire au ministère des Affaires étrangères, la famille a déjà vécu en Corée du Sud et à Washington. Henriette est administratrice dans une entreprise spécialisée dans les investissements. Elle aime jouer au tennis, participer à des ateliers d'écriture, faire du ski de fond et cueillir des champignons.

Thor (15), Arthur (12) et Sigrid (17)

faisant la pyramide norvégienne !

Sigrid dit : « J'ai 17 ans, mais je suis encore une enfant. » Elle monte à cheval, dévore les livres et travaille énormément à l'école. Thor ne fait pas grand-chose, il lui arrive de faire des gâteaux.

2020
Sigrid (17) : Je vais travailler dans un domaine créatif, peut-être aux États-Unis où j'ai déjà vécu plusieurs années.
Tom : L'avenir, je le vois à travers mes enfants en étant un grand-père gâteau.

ÉCOLOGIE
Thor (15) : Je vais faire des études en biotechnologie et m'occuper de la protection de l'environnement.
Sigrid : Je pourrais abandonner la télé, de toute façon il n'y a pas grand-chose d'intéressant !
Tom : Je prends le bus et le train pour aller au travail. Prochaine étape : acheter une voiture électrique.
Henriette : Nous avons une maison adaptée, pas très grande et chauffée avec du bois. Je ramasse souvent des branches dans la forêt.

UE
Sigrid : Si nous y entrons, les autres pays viendront pêcher dans nos eaux !
Thor : Nous sommes trop fiers pour adhérer à l'Union européenne !
Henriette : Je pense qu'on gagnerait à adhérer à l'UE.
Tom : La Norvège n'a pas besoin de rejoindre l'UE, elle est trop riche.

PARENTS
Sigrid : Mon père est très drôle et ma mère est capable de faire du ski de fond à 10 heures du soir dans la forêt avec une lampe frontale !
Thor : J'adore discuter avec mon père : on parle beaucoup de politique.

ENFANTS
Henriette : Sigrid est très créative et impulsive. Ils ont tous un esprit ouvert et nous avons une confiance mutuelle.
Tom : Nous partageons beaucoup de choses et je crains le jour où ils quitteront la maison !

VŒUX
Sigrid : J'ai toujours rêvé d'avoir une ferme avec des chevaux, des vaches et un poulailler.

« Grâce au pétrole, nous avons plein d'argent,
mais nous savons aussi qu'un jour il n'y en aura plus ! Alors nous ne sommes pas prêts à partager avec le reste de l'Europe. » Sigrid (17)

PAROLES D'ADOS ÉCOLOGIE

PAYS-BAS

Je ne fais absolument rien pour l'écologie.

Yavid (17)

RÉPUBLIQUE TCHÈQUE

Ce qui me rend triste, c'est que beaucoup de gens ne savent pas qu'ils polluent ou sont peu attentifs à l'écologie. Je pense surtout à la pollution de l'eau par les grands pays comme la Chine et l'Inde.

Eliska (13)

FRANCE

C'est galère, mais c'est nécessaire ! On aurait dû commencer il y a cent ans, maintenant, c'est trop tard !

Maxime (15)

ALLEMAGNE

J'ai l'impression que les gens en Allemagne ne se préoccupent pas vraiment de l'écologie. Ils votent pour le parti des Verts et pensent que c'est suffisant.

Moritz (17)

FRANCE

Moi, je vois mal la réalisation de l'écologie durable. J'ai une idée, mais c'est peut-être irréaliste : on est tout petit dans la galaxie, il faudrait envoyer des vaisseaux sur une planète similaire à la nôtre et y déposer tous les habitants de la Terre !

Virgil (14)

FRANCE

Être écolo, manger bio... c'est bien deux minutes, après ça devient énervant. En tant que citoyen, je fais ce que je peux, prends les transports en commun, recycle...

Basile (15)

UKRAINE

Si l'on avait Greenpeace en Ukraine, je m'engagerais peut-être avec eux. Il existe des poubelles pour le recyclage mais je pense qu'on est seulement 20 % de la population à les utiliser.

Bohdan (17)

FRANCE

Je ne fais pas attention, parce que beaucoup de gens ne font rien : ce n'est pas une seule personne qui va changer grand-chose.

Laëtitia (18)

AUTRICHE

Le monde ne nous appartient pas, nous sommes seulement de passage sur cette terre et nous devons laisser un environnement propre aux générations futures.

Carolin (19)

FINLANDE

Je trie seulement parce que mes parents m'y obligent !

Kosti (13)

AUTRICHE

Je travaille aussi dans un centre où les gens peuvent déposer les objets dont ils ne veulent plus. Ils sont triés, puis réutilisés ou proposés à la vente à l'occasion d'un vide-grenier.
Elisabeth

SERBIE

Nous aimerions pouvoir recycler mais à Belgrade ça n'existe pas !
Nikola

RÉPUBLIQUE TCHÈQUE

Avant on plantait de petits arbres en montagne avec un groupe d'amis. Maintenant j'ai un fort sentiment d'impuissance, il faudrait que les grandes sociétés commencent à agir, après je pourrai m'engager à nouveau.
Marek

GRÈCE

Je suis très sensible aux efforts qui sont faits pour protéger notre environnement. Dieu nous a donné la terre et Il a dit : « Domine la terre mais ne la détruis pas ! » Aimer Dieu, c'est aimer son voisin. Et aimer son voisin, c'est aider les autres à vivre dans un environnement sain.
Achille

ESTONIE

Sur l'île, les side-cars sont le moyen de transport traditionnel. Ce sont surtout les femmes qui s'en servent, c'est polluant, mais moins qu'une voiture... Nous avons un potager, des champs de pommes de terre et 13 moutons.
Mare

DANEMARK

Comme architecte, j'essaie de persuader mes clients de dépenser un peu plus pour pouvoir construire écologiquement... Ce n'est pas toujours accepté.
Sahba

ALLEMAGNE

Dans un de mes sermons, j'ai parlé du moteur de recherche « Ecosia » : à chaque clic, on protège 2 m² de forêt équatoriale.
Andreas

SLOVAQUIE

Je suis directeur d'une entreprise privée de collecte de poubelles, et je peux vous dire que c'est un non-sens d'essayer de tout recycler. C'est beaucoup trop cher.
Martin

PORTUGAL

On essaie de réduire la consommation d'énergie. Nous avons une installation solaire et une citerne pour la récupération de l'eau de pluie sous notre piscine.
Joao

PAROLES DE PARENTS

Leze & Gjergj

dans le domaine de Leze : le verger.
Gjergj est professeur d'albanais au lycée et élève des cochons et des poules. Leze s'occupe du potager : des variétés de tomates, du maïs, des poivrons, des pommes de terre, des pommes et des poires. Pendant la guerre du Kosovo, ils ont dû quitter cette ferme pour se réfugier en Allemagne entre 1999 et 2001.

Florian (12) et Gëzim (15)

avec une partie de leur bétail.
Gëzim est au collège à Prizren. Il joue au foot, aime les romans d'aventures et participe aux travaux de la ferme. Florian joue au foot et adore les bandes dessinées.

2020 **Gëzim (15) :** Je vais étudier l'économie et l'anglais et continuer le foot, on ne sait jamais...
Florian (12) : J'aimerais devenir professeur comme mon père ici au Kosovo.
Gjergj : J'espère que nous ferons partie de la grande famille européenne.

UE **Gëzim :** Nous aimerions être dans l'Union. Nous y travaillons et je pense que dans dix ans on y arrivera. Nous nous sentons déjà de jeunes Européens.
Gjergj : Nos politiques doivent changer pour que le Kosovo ait une chance de rejoindre l'Union.

ÉCOLOGIE **Gëzim :** Nous avons un gros problème avec les déchets au Kosovo. Notre école organise des ramassages d'ordures dans les rues autour de l'école et de l'église. L'école devrait nous informer davantage pour qu'on agisse un peu plus.
Gjergj : Dans le village, il n'y a pas de poubelles. Nous avons un compost, le reste est brûlé au fond du jardin.

PARENTS **Gëzim :** Mon père est une personne tranquille. Il me recommande des livres et m'explique les choses que je ne comprends pas.
Florian : Je donnerai plus de conseils à mes enfants.

ENFANTS **Gjergj :** Nos enfants sont les meilleurs élèves de l'école. Mais Gëzim passe trop de temps sur Internet et est trop passionné par le foot.

VŒUX **Gëzim :** Être un célèbre footballeur à Manchester United ou Barcelone.
Leze : Une nouvelle maison, plus moderne.

« Je vivrai dans une maison "high-tech", peut-être au Kosovo ou à l'étranger. »
Gëzim (15)

Elisabeth & Bernhard en Adam et Ève...

Bernhard est maire du village. Elisabeth s'occupe de la grange transformée en salle de fêtes. « On pense faire au mieux pour nos enfants, mais ils ne voient rien, ils veulent voler de leurs propres ailes. »

Maria (15) et Carolin (19), en plein concert champêtre.

Maria sera puéricultrice. Carolin étudie la chimie. Les deux sont bénévoles à la Croix-Rouge. « Je me dispute avec ma mère pour un oui ou pour un non : nous sommes bornées toutes les deux. Mon père, je peux l'embobiner plus facilement. » **(Carolin)**

ALBANIE, SUR LA ROUTE DE VLORA
Une vache « unique », un spécimen que l'on trouve devant chaque maison albanaise.

Achille & Olga, contraints de garder une certaine distance.

Achille était agriculteur quand Dieu a décidé qu'il deviendrait pope. Son vœu : « La fin de la crise, la réouverture des commerces et que l'UE ne nous laisse pas tomber et continue de nous soutenir ! » Olga est « papaia », femme de pope : « Je suis la méchante de la famille, leur père leur dit toujours oui, donc je dois être plus sévère avec mes enfants. »

Christos (13) et Aristidis (11) perchés sur leur « jouet » favori, la tondeuse.
Christos aide son père à labourer leurs champs et entretenir le vaste jardin de l'église, étend et repasse le linge pour sa mère… « Mon père ne nous gronde jamais, il nous passe tous nos caprices. » Christos sera éleveur de chèvres et Aristidis policier.

J'AI
UN **PONEY**,
J'ATTENDS
D'AVOIR UN
CHEVAL
ET RÊVE DE
DEVENIR
UNE
CHAMPIONNE.

Esmé (15), PAYS-BA

Jill (19) Esmé (15) / Bart & Nelly / PAYS-BAS – Harlingen

Sophie (17) Lauren (19) / Angela & Danny / ANGLETERRE – Turville

Benoît dans son antre.
Benoît est devenu menuisier par hasard. Enfant, il a reçu un coffret avec des outils en bois qui est resté dans sa mémoire… et voilà ! Pour lui, c'est un métier très physique où l'on paie de sa personne mais où l'on a beaucoup de satisfaction quand l'objet est réalisé.

Maël (13) chez son père, en rase campagne.
Maël est à l'école aux Pays-Bas où il habite avec sa mère et il passe tous les week-ends en Belgique chez son père.

2020 **Maël (13) :** Avant, je pensais devenir juge, mais maintenant je ne sais plus… J'aime beaucoup les maths, peut-être que je ferai quelque chose dans ce domaine, probablement aux Pays-Bas.
Benoît : J'aspire à plus de paix, de solitude et de nature. J'aimerais me détacher de mon métier peu à peu et me consacrer à l'humain, être plus contemplatif…

UE **Benoît :** Je n'ai pas conscience des grands changements. Je n'aime pas les grandes concentrations de pouvoir, je préfère les décisions qui se prennent au niveau local, mais l'idée de tenter l'expérience et d'avoir une vision nouvelle de l'Europe me plaît.

ÉCOLOGIE **Maël :** On n'en parle pas vraiment à l'école, mais ma mère me donne des conseils sur ce qu'il faut faire.
Benoît : Il faudrait privilégier la prévention et proposer une alternative, plutôt que céder à la panique qui paralyse et culpabilise.

VŒUX **Maël :** J'ai une arrière-grand-mère de 92 ans, je souhaite qu'elle vive encore des années…
Benoît : Le bonheur des Terriens !

Vegard (13), Kari (10) et Sverre (8), l'équipe de jardiniers au complet !

Vegard est enfant de dipomate, il a déjà vécu aux États-Unis et au Bangladesh. Il joue au foot et au paintball et est le « jardinier en chef » du potager des enfants.

Trude & Kristian installés confortablement malgré l'humidité ambiante.

Kristian travaille au ministère des Affaires étrangères dans le département des droits maritimes. Trude est avocate dans le service administratif d'un hôpital.

2020 **Trude :** J'espère vivre de nouveau comme femme d'ambassadeur dans une capitale européenne (Prague, Budapest, Moscou...).

ÉCOLOGIE **Vegard (13) :** J'espère que la nouvelle plate-forme pétrolière prévue en Norvège ne sera pas construite de sitôt. Elle risque de polluer d'importantes réserves de poissons. Qu'on arrête de dire que la Norvège ne peut pas vivre sans son pétrole. Nous exportons 50 % de nos ressources et nous avons besoin de cet argent pour développer de nouvelles énergies plus propres. Je suis dégoûté de lire que tous les mois chaque famille jette environ 58 kilos de nourriture.

UE **Kristian :** La polémique autour de l'adhésion de la Norvège me semble superflue : nous sommes déjà membres de l'Espace économique européen et profitons de la plupart des avantages de l'Union.

Trude : Depuis l'ouverture aux pays de l'Est, l'Union ne m'attire plus...

ENFANTS **Trude :** Vegard est mon coach, je m'entraîne au marathon et il me chronomètre. C'est un moment où l'on parle de tout : la vie, l'amour, la nature...

Kristian : Nous essayons de passer du temps séparément avec nos enfants, avec une attention particulière, et ça leur plaît.

VŒUX **Vegard :** Trouver un job dans le nucléaire et inventer un procédé pour fabriquer de l'énergie propre à partir des déchets nucléaires.

Kitti (13), Peter (11) et Daniel (9) dans la cour de la ferme flambant neuve.

Kitti, la fille d'Andràs, est prête à partir pour un concours hippique. Peter et Daniel aident à nourrir les cochons et la basse-cour ainsi qu'une jeune cigogne tombée du nid. Kitti pense devenir médecin de campagne.

Zsuzsanna & Andràs viennent de sauver un veau tombé dans un ruisseau !

Andràs a une entreprise de nourriture pour chiens. Le week-end, il aide Zsuzsanna à la ferme. Ils élèvent des vaches grises, des cochons hongrois, des ânes... des races d'animaux hongrois tombées dans l'oubli. À la ferme, ils portent leur costume traditionnel au quotidien.

BULGARIE – Ostra Mogila

NORVÈGE – Hvalstad

ROUMANIE – Sacele

ITALIE – Baschi

BULGARIE – Stara Zagora

HONGRIE – Orfü

KOSOVO – Prizren

HONGRIE – Orfü

SLOVAQUIE – Trencin

FRANCE – Pujols

CROATIE – Zagreb

GRÈCE – Doirani

« Ce n'est pas l'ado qui décide. »

Jesse (15), Daniel (15), Marie-Fee (12) et Anna (12), devant une peinture de leur père.

Jesse joue au handball. Daniel fait partie d'une troupe de théâtre. Marie-Fee et Anna sont dans la même classe à l'école et jouent toutes les deux dans le même club de foot. C'est une tribu recomposée.

Anja & Rainer.

Anja (mère de Daniel et Anna) est ex-employée de banque et sera psychothérapeute pour enfants. Rainer (père de Jesse et Marie-Fee) a été photographe puis homme au foyer, il écrit des contes pour enfants.

2020 **Jesse (15) :** J'habiterai en ville et travaillerai dans une maison d'édition musicale ou bien je serai chef cuisinier.

Daniel (15) : Je serai lecteur-correcteur dans l'édition ou psychologue.

Rainer : Il y a trois ans, j'ai eu une leucémie et subi une transplantation. J'ai survécu et je me réjouis chaque jour de la vie. J'aimerais découvrir la beauté en moi...

UE **Anja :** Ce qui me manque, c'est la proximité des hommes politiques : ils sont loin à Bruxelles, je ne les connais pas et je n'ai pas voté pour eux. À mon avis, l'UE n'a que des intérêts commerciaux : il serait plus important de mettre en avant l'humanisme et l'environnement.

ÉCOLOGIE **Rainer :** Très sérieusement, d'après moi, nous devrions célébrer la vie des mouches éphémères et considérer la vie du verre de terre autant que notre propre vie. C'est indispensable pour créer une existence pacifique et équilibrée sur la Terre.

Anja : On dit bien « Je suis ce que je mange ». Pourquoi s'occupe-t-on si peu de la nourriture des enfants ? On devrait leur expliquer d'où vient la nourriture, d'où viennent les animaux que nous mangeons, d'où vient le lait, ce qu'il contient... Pourquoi n'en parle-t-on pas dans les écoles ?

VŒUX **Jesse :** Avoir plus d'ambition. Je n'ai pas encore choisi de métier alors je manque de motivation à l'école.

Daniel : Vaincre ma paresse !

Josef & Marta, avec leur remède pour « presque tous les maux » (jus de prune) !

Josef a 3 vaches, 1 cheval et s'occupe de sa ferme. Marta est femme au foyer et a eu 11 enfants dont 6 vivent encore à la maison.

Bogumila (18), Bozydar (16), Boguchwal (20), Dobrusia (23), Stanislaw (13) et Bronislaw (13).

Bogumila est dans un lycée professionnel. Bozydar est apprenti maçon, son grand frère Boguchwal est déjà maçon. Ils aident leurs parents à la ferme. Stanislaw et Bronislaw sont au collège.

2020 **Bogumila (18) :** Je me vois décoratrice d'intérieur, j'habiterai pas loin de la ferme.
Bozydar (16) : Je rêve de faire une carrière dans le showbiz en tant que chanteur.
Boguchwal (20) : J'aurai une famille de 5 enfants et je ferai tout pour avoir les moyens de les éduquer.
Stanislaw (13) et Bronislaw (13) : Nous travaillerons dans le bâtiment.
Josef : Inspiré par Dieu, j'ai déjà écrit plus de 1 900 poèmes et je continuerai. Mon plus beau poème s'appelle « La vie est belle ! ».

ÉCOLOGIE **Boguchwal :** La Pologne est en train de changer. On commence à fermer les usines qui polluent trop. Notre famille est autonome, nous produisons du blé, des pommes de terre et des choux pour notre consommation et la vente.

UE **Josef :** Je n'attends rien d'exceptionnel de l'UE, ils sont antichrétiens.

PARENTS **Bogumila :** Notre tradition familiale, c'est de prier et chanter ensemble matin et soir, et d'aller ensemble à l'église le premier vendredi du mois. Mes parents sont un bon exemple : je vais éduquer mes enfants de la même manière.
Bozydar : Toutes nos disputes sont réglées en 5 minutes.
Bronislaw : En été, j'adore partir en montagne avec mon père. Il marche toujours pieds nus... d'après lui, c'est bon pour la santé.

ENFANTS **Marta :** Je voudrais que mes enfants restent chrétiens.
Josef : Je suis heureux que nos jumeaux veuillent reprendre la ferme, ils font très attention aux dépenses.

Karina (21) et Gabor (21) dans la cave de dégustation.
Karina travaille dans la cave de ses parents. « J'aide beaucoup ma mère, mais c'est elle le "chef". Pas toujours évident ! À la maison, on s'entend bien. » Gabor est à l'école des vignerons. « Quand je parle du vin avec mon père, on se comprend, pour le reste c'est plus difficile. Je rêve de devenir Vigneron de l'année, une chose qu'il n'a jamais réussie. »

Gabriella & Gabor et leurs 40 tonneaux.

Gabriella s'occupe du salon de dégustation et de la vente du vin, Gabor de la production.
Ils sont la 7e génération de vignerons mais leur fils sera le premier diplômé.
« Ma fille a encore besoin de quelques années pour devenir aussi bonne que moi, elle doit en apprendre davantage sur le vin et la vente. » (Gabriel.a)

Mimi (18), Joe (17), Ruby (14) et Danny (11).
Joe a creusé une mare dans le jardin pour attirer et photographier grenouilles et libellules. Il a quitté l'école à 14 ans. Il vend ses photos d'insectes et d'animaux dans une petite galerie. Mimi est en terminale et veut étudier l'anatomie.

Simon & Luana avec leur miroir-soleil conçu par une amie artiste.
Simon, ingénieur, est directeur d'une société qui développe la « Nanocoating Technology », qui rend imperméables des objets et matériaux divers : chaussures, chapeaux, téléphones, etc. Luana est conseillère en allaitement maternel.

Mimi (18) Joe (17) Ruby (14) Danny (11) Simon & Luana

« Il y a un bon équilibre de discipline et de gaieté à la maison. Mes parents ont fait du bon boulot. » Mimi (18)

2020

Danny (11) : J'aimerais travailler avec des voitures... J'aime les voitures !

Ruby (14) : Un métier en rapport avec la psychologie et l'enfance.

Joe (17) : Je serai toujours photographe animalier, et un genre de « scientifique animalier », vivant en bord de mer dans le sud de l'Angleterre, où il y a davantage d'animaux.

Mimi (18) : Un travail dans les soins médicaux et surtout 5 enfants.

Luana : Je serai (peut-être) grand-mère. J'apprendrai un instrument de musique, violoncelle ou piano, ou une langue – pourquoi pas le mandarin ! Et je développerai l'allaitement maternel.

Simon : Je retournerai à l'école pour apprendre : les arts, la psychologie, la géologie, la paléontologie, et je ne sais quoi encore... Juste apprendre.

UE

Mimi : C'est très important d'être ensemble et de profiter de l'aide quand on a un problème. Mais l'euro, je n'en veux pas, je préfère qu'on garde nos livres.

Joe : Moi, je suis fier d'être européen. Regardez la Grèce : nous sommes là pour l'aider !

Simon : Il serait plus intéressant de créer un gouvernement pour le monde entier... pas seulement pour l'Europe. Nous sommes tous très similaires et nos quelques différences devraient représenter un intérêt et non une menace.

Luana : Les Anglais sont plus individualistes puisque nous sommes des insulaires. Nous ne nous sentons pas européens. Ce serait une erreur de penser que tous les Européens croient en l'Europe de la même façon. Il y a partout une puissante fierté nationale.

ÉCOLOGIE

Joe : Il y a trop de voitures, les gens devraient rouler à bicyclette...

Simon : Arrêtez d'acheter et de trop consommer, il y aura moins de pollution ! J'essaie d'élever mes enfants dans ce sens.

Luana : Pour chaque objet nouveau qui entre à la maison, un autre doit partir.

PARENTS

Joe : J'ai eu quelques problèmes quand j'ai quitté l'école à 14 ans, mais mes parents m'ont toujours fait confiance.

YOU MAY NOT
CONSUME
ALCOHOL
ANYWHERE
ON THE PIER
EXCEPT IN
THE BARS &
BARS BEER
GARDENS

Marija & Tomislav.

Marija est institutrice à l'école élémentaire, regarde tous les matchs de hockey, visite les musées et tout ce qui est gratuit à Zagreb ! Tomislav est représentant d'une entreprise de matériel informatique.

Ivana (17), Jelena (12), Marko (19), Lucija (14) et Paula (21).

Marko, heureux comme un coq en pâte, entouré de ses sœurs.

Ivana fera des études de droit. Marko suit une formation de pilote. Sa petite sœur Jelena dit : « Moi aussi, je veux être pilote, c'est mieux qu'hôtesse de l'air ! » Lucija va étudier les sciences politiques. Paula est étudiante en économie.

2020 **Marko (19) :** J'aimerais vivre à l'étranger, mais pour une famille (je pense avoir 4 enfants) c'est mieux en Croatie, c'est un pays magnifique, il y a tout ce qu'on n'a pas en Europe, sauf une politique correcte.
Ivana (17) : J'espère passer quelques années en Angleterre.
Tomislav : Je suis optimiste, je représente un projet de création d'énergie renouvelable, ici, en Croatie. Je pense que ce projet est meilleur que celui proposé par d'autres pays mais nous attendons les permis de construire…
Marija : Je serais contente d'être grand-mère

UE **Marko :** Je suis très sceptique sur une organisation aussi grande…
Paula (21) : Nous sommes un tout petit pays, avec de petites structures : les grands pays vont nous manger tout crus !
Marija : Nous discutons depuis dix ans de l'adhésion de la Croatie à l'Union… Je ne veux plus y penser.
Tomislav : Nous sommes un petit pays, les banques étrangères vont prendre notre argent !

ÉCOLOGIE **Ivana :** J'ai essayé d'aider comme bénévole dans une organisation pour la protection des animaux, mais j'ai dû abandonner par manque de temps.
Paula : La personne qui pense qu'elle peut vraiment participer à la protection de l'environnement le fera. Pour l'instant, moi, je recycle : c'est mon premier pas.
Marija : J'en parle à mes élèves et ils s'en souviendront : actuellement, tous les déchets d'Europe sont déversés dans les contrées désertes de Hongrie. Je ne veux pas que la Croatie devienne à son tour une décharge publique !

PARENTS **Paula :** Notre mère s'est donné beaucoup de mal pour nous faire découvrir tous les musées de la ville. Elle s'est dévouée pour nous.
Ivana : Je pense qu'il est très important de faire la différence entre parents et amis. Si les parents deviennent des amis, ils ne seront plus écoutés par leurs enfants.

2020

« J'étudierai les sciences politiques et je serai Présidente. »

Lucija (14)

Philippe & Suzy et « Marilyn ».

Philippe est médecin nutritionniste : « C'est très dur de rentrer dans leur univers. On passe pour un donneur de leçons. Ils cherchent des sensations bien plus violentes que nous au même âge – jeux vidéo, alcool, drogues... Une fille, ça aurait été bien... » Suzy, ex-mannequin, écrit des livres de cuisine métissée et « légère », inspirée par son mari.

David (17), Maxime (15) et Vincent (18) sous le portrait de leur mère.

Vincent a arrêté les cours pour devenir mannequin. David s'est fait renvoyer du lycée. Maxime est en seconde. Lui aussi aimerait bien être mannequin. « Quand je serai père, je préférerai un garçon, c'est plus cool, ça a plus de style. Une fille, c'est plus compliqué ! Elle sera en prison avec moi ! » (Maxime)

MON VŒU : J'AIMERAIS AVOIR MON PROPRE JET, MAIS UN MODÈLE SPÉCIAL QUI PEUT VOLER DANS L'ESPACE !

Nikolay (15), BULGARI

Vladimir / Nikolay (15) / BULGARIE – Bratya Kunchevi

Janer & Toncka / Domen (15) Matjaz (19) Nina (10) / SLOVÉNIE – Podgorje

Helene & Manfred.

Helene travaille dans la confection entre l'Europe et la Chine. Manfred, d'origine allemande, est cadre dans la télécommunication et voyage beaucoup pour son métier. Leurs hobbies : promenades en bateau, sauna, tennis et golf.

Victoria (17), Isabelle (15) et Daniel (10)

au bord de la Baltique.

Victoria, lycéenne, fait de l'équitation (elle possède son propre cheval). Elle est serveuse dans un café le week-end. Isabelle va à l'école à Stockholm.

2020 **Victoria (17) :** Je ferai mes études en Suède et travaillerai dans l'économie ou dans le développement de produits.
Isabelle (15) : L'économie me passionne. Je serai gérante d'une entreprise informatique et voyagerai autour du monde.
Manfred : J'espère avoir enfin fini de restaurer la maison !

ÉCOLOGIE **Isabelle :** J'y pense souvent. En Suède, nous sommes très gâtés. Je pourrais vivre dans une maison toute simple et abandonner mon portable ou mon iPod, à condition que mes amis fassent la même chose.
Helene : Nous utilisons pour la production des vêtements une gamme de coton organique qui provient du Pakistan et de Chine.
Manfred : Dans les entreprises, je constate que cette démarche est bien plus présente. Surtout en Asie, où la préoccupation de l'environnement progresse en même temps que l'évolution des marchés. Je pourrais changer ma grosse voiture contre une petite et n'en avoir qu'une au lieu de deux !

UE **Isabelle :** Je n'aime pas que les grands pays décident tout seuls ! Il vaudrait mieux trouver des solutions qui conviennent à tous les membres.
Helene : C'est une bonne chose mais nous ne sommes pas prêts à lâcher nos kronen, notre monnaie nationale !

PARENTS **Victoria :** On se parle ouvertement, mais mon père a du mal à comprendre mon point de vue et ma mère ne reconnaît jamais ses erreurs.
Isabelle : Ma mère et moi sommes plutôt calmes et ordonnées. Mon père cherche toujours des solutions, mais si je ne suis pas de son avis, il s'emballe vite et devient furieux. Quand tout le monde crie à la maison, je me dis que je serai différente avec mes enfants !

ENFANTS **Manfred :** Les discussions pour sortir, dormir chez des amis, etc., ne se passent pas trop mal, c'est une surprise pour moi, je craignais pire ! Il me semble qu'on a un vrai échange avec eux, même s'ils ne disent pas toujours toute la vérité j'ai l'impression de comprendre l'essentiel et d'avoir une idée de ce qu'ils font.

VŒUX **Victoria :** Finir l'école avec mention pour avoir les meilleures chances de réussite.

VŒU

« Vivre à New York, voir les kangourous en Australie, apprendre l'espagnol en Amérique du Sud et découvrir les peuples d'Asie… » Victoria (17)

Costel (14), Traian (9), Jonut (7), Denisa (5), Alexandra (13), Sebastian (12) et Julian (17) posent devant le clapier des lapins et l'enclos aux cochons.

Alexandra va à l'école, aide sa mère et fait l'école à ses petits frères et sœurs. Elle rêve de faire du shopping à Londres. Costel aide son père sur les chantiers et aimerait trouver un travail dans le bâtiment. Julian s'occupe des cochons et des lapins et se voit mécanicien.

Petreo & Valéria dans leur maison à deux pièces.

Ils habitent une des maisons construites dans le cadre d'un projet de réhabilitation des villages gitans. Petreo est maçon et travaille pour ce projet. « Les gens qui vivent dans l'UE sont certainement contents, mais ici nous vivons comme avant, avec une mentalité ancienne. Notre système économique est cassé, nous ne produisons plus rien. »

Juan Antonio & Antonia.

Juan Antonio est né et vit à Espinardo.
Il tient un stand de vêtements et de chaussures – qu'il importe de Chine – sur le marché.
Antonia s'occupe de la maison et de ses 7 enfants.

Juan Antonio (18), Noemi (19), Pedro José (13) et les autres...

Juan Antonio fait la tournée des marchés de la région avec son père et joue au foot. Noemi adore la mode et se préoccupe beaucoup de son look.
Pedro José va encore à l'école.

2020 **Juan Antonio (18) :** Je serai marié avec 2 enfants et tiendrai mon propre stand au marché.

Noemi (19) : J'ai un petit ami, il vient d'acheter une maison. Quand nous nous marierons, je quitterai la maison de mes parents pour m'installer avec lui. J'aurai des enfants et travaillerai comme femme de ménage ou vendeuse de vêtements.

Pedro José (13) : Je me vois avocat.

Juan Antonio : Je vais avoir plein de petits-enfants (*il en a déjà 3*) et vais aider mes enfants à élever leurs petits. Mes enfants n'ont même pas fini l'école primaire, leur seule chance de s'en sortir, c'est de faire les marchés. Je ne dormirai pas la nuit si mes enfants n'ont pas l'argent pour payer leurs factures.

ÉCOLOGIE **Juan Antonio :** Ça ne me dit rien, je ne fais rien.

Noemi : Je ne participe pas du tout.

UE **Juan Antonio :** Tout est parfait en Europe !

Juan Antonio : Avant, en Espagne, on vivait bien. Aujourd'hui ça coûte le double et on vit moins bien. C'est de plus en plus dur de tenir jusqu'à la fin du mois.

PARENTS **Noemi :** Je m'entends très bien avec mes parents, on est très proches. Il y a juste des problèmes quand nous demandons des choses qu'on ne peut pas obtenir. Mais on n'a jamais tout ce qu'on veut...

Juan Antonio : Mon père sait très bien raconter les blagues !

ENFANTS **Antonia :** Le meilleur moment avec mes enfants c'est quand nous sommes tous réunis autour d'une grande paella. Puis on regarde un film, ou une vidéo du baptême du dernier-né. Quand toute la famille est rassemblée, nous sommes entre 30 et 50.

Juan Antonio : La grande tradition dans une famille gitane, c'est de fêter Noël dans la maison du père. Nous, les gitans, sommes très unis. On va ensemble à l'église évangélique. Grâce à Dieu mes enfants n'ont jamais eu d'ennuis avec le vol ou la drogue.

VŒUX **Juan Antonio :** Avoir une belle vie et ne pas être pauvre. La coutume gitane veut que je reste dans la maison de mes parents, mais j'ai des projets de déménagement...

«Je rêve d'avoir une voiture qui vole!»
Pedro José (13)

DANEMARK – Herning

ROUMANIE – Bucarest

ITALIE – Castelnovo

GRÈCE – Thessalonique

GRÈCE – Petralona

LUXEMBOURG – Clemency

MONTÉNÉGRO – Tuzi

ESTONIE – Pärnu

FRANCE – Bias

IRLANDE – Trim

FRANCE – Villejuif

FRANCE – Laroque-Timbaut

« Quand on en a, ils nous énervent. Et quand on n'en a pas, on en rêve. Bienvenue sur la planète "fratrie" ! »

Carlo (15), Vera (20) et Bernardo (15) réfugiés sur la terrasse, le seul endroit sans voitures...

« J'adore mon père, mais je le déteste, comme nous tous, pour ses milliers de voitures miniatures ! Regardez la maison : il y en a partout ! Heureusement qu'il a aussi quelques vraies belles voitures qu'il nous apprend à conduire à la campagne ! » (Carlo)

Giulietta & Francesco avec une infime partie de sa collection.

Giulietta est biologiste à la faculté de médecine. Francesco a fait pas mal de métiers : employé d'une compagnie maritime dans les Caraïbes puis d'une compagnie pétrolière, déménageur en Italie… Il est en train d'écrire un roman sur la précarité de la vie. « Je jette le moins possible, comme vous le voyez dans notre appartement ! » (Francesco)

Stéphane & Nadia, pour eux, la vie est un roman !

Ils sont tous les deux propriétaires passionnés d'une librairie : Stéphane vient d'en ouvrir une seconde consacrée aux enfants, Nadia a créé et organise chaque année le prix du Premier Roman.

Célia (24), Livia (19) et Doriane (13).

Célia est professeur de lettres au lycée. Doriane est déléguée de classe et une fan inconditionnelle de Michael Jackson ! Livia prépare un concours pour devenir éducatrice spécialisée et assistante sociale.

2020 **Doriane (13) :** Je serai actrice de comédie musicale à Londres ou à New York !
Livia (19) : J'aimerais créer une association humanitaire et monter des projets solidaires au Maroc ou en Afrique du Sud.
Stéphane : Les tablettes numériques nous inquiètent beaucoup, mais on croit encore au livre parce que la librairie est un lieu de vie, de rencontre et d'échange.

ÉCOLOGIE **Doriane :** À la maison, on essaie de sensibiliser nos parents au recyclage.
Stéphane : À la librairie, on a proposé aux clients des pochettes en papier recyclé, mais finalement ils préfèrent les sacs en plastique. L'écologie n'est pas rentrée dans toutes les mentalités, cependant on constate que les gens y sont de plus en plus sensibles et nous demandent des livres sur le sujet.

PARENTS **Célia (24) :** Je pense que je serai largement une meilleure mère que la nôtre, qui travaillait beaucoup trop. Je serai un peu comme mon père, mais en mère ! Plus proche de mes enfants, sans les étouffer.

ENFANTS **Nadia :** J'ai eu l'impression d'élever à chaque fois des enfants uniques. Elles se sont élevées elles-mêmes et sont devenues très (trop) proches. Nous, on n'était pas trop disponibles.
Stéphane : C'est merveilleux d'éduquer des ados dans le monde actuel. Ils sont curieux, ouverts à tout, et reçoivent un flux d'informations colossal. Il faut les aider à le maîtriser et leur donner des repères (par exemple, moins de Facebook !).

Susanna & Stefan.
Stefan est jardinier. Susanna vient d'une famille d'éditeurs et libraires, c'était aussi son métier mais elle ne travaille plus et s'occupe de ses enfants.

Sofia (20), Ludwig (15), Ansgar (17), Oscar (18) et Jakob (14), une joyeuse fratrie recomposée !
Ansgar fait du BMX acrobatique. Oscar aime le cinéma, la photo et fait du graff avec Ludwig, le skateur de la famille. Jakob joue du saxophone dans un orchestre. Sofia est dans un internat spécialisé.

2020 **Ludwig (15) :** Je ferai un métier artistique et habiterai avec ma femme dans le sud de l'Europe.
Oscar (18) : Je travaillerai dans le cinéma, j'habiterai peut-être en Espagne.
Ansgar (17) : Un métier manuel, certainement pas derrière un bureau. .
Sofia (20) : J'aimerais habiter dans une maison et être indépendante.
Susanna : J'aimerais voyager et faire des photos. Pas forcément très loin, l'idée c'est de trouver l'extraordinaire dans l'ordinaire.

UE **Oscar :** Il est important d'avoir sa place dans l'économie mondiale à côté des grandes puissances. Si l'UE devient un seul État, les pays risquent une perte de leur identité.
Ludwig : Un des avantages, c'est que l'UE peut agir plus efficacement contre les vols de voiture, la criminalité et la drogue.
Susanna : Je suis pessimiste sur l'entente de tous ces pays. Chacun défend ses intérêts.
Stefan : Ce qui m'énerve, c'est cette manie de régularisation, la moindre babiole est gérée par une loi européenne.

PARENTS **Ludwig :** Quand je serai père, j'amènerai souvent mes enfants chez ma mère, elle nous a tellement bien élevés qu'elle peut le refaire avec mes enfants.

ENFANTS **Susanna :** Avec notre fille Sofia et son lourd handicap, nous sommes habitués à des problèmes bien plus importants que l'adolescence.

Blanca & Sepp

dans leur pré avec deux « brunes suisses ».
Sepp est agriculteur avec une quarantaine de vaches qui produisent 10 000 litres de lait par an et par vache. Une fois la récolte du foin terminée, il s'occupe d'une petite entreprise de clôture. En plus de ses 6 enfants et du travail à la ferme, Blanca pratique la médecine énergétique : elle soigne les traumatismes et les blocages dus aux accidents, aussi bien chez l'homme que chez l'animal.

Thomas (12), Tobias (11), Sepp (17), Roman (15), Nicola (5) et Blanca (14).

Sepp est apprenti agriculteur et aimerait reprendre la ferme dans trois ans. Blanca est au collège. Roman aimerait travailler dans l'informatique, fait de la musique, du bodybuilding et joue aux jeux vidéo.

2020 **Sepp (17) :** Continuer à gérer la ferme familiale avec succès.
Roman (15) : Je me vois comme un entrepreneur (couronné de succès) d'une petite société de software et habiterai en Allemagne ou en Amérique avec ma famille.
Sepp : Je serai retraité et mes fils auront pris la ferme en main. J'espère avoir un peu plus de temps pour mon hobby : jouer aux cartes !

ÉCOLOGIE **Sepp :** En Suisse et particulièrement dans l'agriculture, nous avons de grandes exigences concernant la protection des eaux. Au quotidien nous séparons les déchets et tout ce qui est biodégradable. Nous mettons des micro-organismes dans la nourriture des vaches. Ils fermentent dans l'estomac et leur urine sent moins mauvais, se dégrade plus facilement.

UE **Roman :** Je ne trouve pas que c'est réussi. Pour mettre les salaires en Europe au même niveau, ce n'est pas gagné : regardez les pays de l'Est. Et la gestion n'est pas efficace. Tout ça est encore à améliorer, heureusement moi je suis suisse !
Blanca (14) : Je ne sais pas ce qu'est l'UE, nous n'avons pas traité ce thème à l'école.
Sepp : Moi non plus je ne connais pas grand-chose, je fais confiance à mon frère, il est très bien informé dans ce domaine.
Sepp : J'espère que la Suisse ne rentrera pas dans l'UE avant longtemps !
Blanca : Nous avons des journées de quinze heures, mais les prix du lait baissent : si nous entrons dans l'Union, les prix vont baisser encore plus... et nous ne pouvons pas travailler davantage.

PARENTS **Sepp :** Je travaille avec mon père, nous visitons des foires agricoles et nous informons sur les nouvelles techniques d'élevage.
Blanca : Les garçons aident à la ferme, moi j'aide ma mère à faire la vaisselle !

ENFANTS **Sepp :** Je fais tout avec mon aîné, Sepp. Nous sommes comme des copains et tous les deux grands amateurs de brunes suisses, les meilleures vaches laitières au monde !
Blanca : J'ai une seule fille, elle m'accompagne quand je monte à l'alpage et en hiver on fait des randonnées à ski. Avec 6 enfants, nous vivons une situation particulière : chacun n'a qu'une petite partie des parents !

VŒUX **Blanca :** Gagner au Loto et donner l'argent pour la protection des animaux.
Sepp : Une grande exploitation avec beaucoup de vaches.
Roman : Une voiture volante.

«Si je construisais une maison, elle marcherait à l'énergie solaire puisque le soleil brille toute l'année !» Blanca (14)

NORVÈGE, ASKER
Ados dorés attendant un concert.

Evguény & Anna sous le tableau de leur peintre favori.

Anna travaille à l'Institut français à Moscou et s'occupe des projets artistiques. Evguény, la soixantaine, organise des expéditions vers les pôles Nord et Sud. Il participe au tournage de films internationaux en tant que cascadeur : chute d'avion, explosion de voiture... Avant, il était parachutiste dans l'armée (6 500 sauts !). Son hobby est son métier.

Lisa (21) en bas de son immeuble.

Lisa a commencé des études de cinéma et de critique théâtrale. Pigiste dans un magazine féminin, elle adore écrire. Le cinéma est sa passion, Woody Allen, Jim Jarmush et les frères Coen sont ses réalisateurs fétiches.

Lisa (21)
Evguény & Anna

« Je me sens libre dans ma tête mais j'aimerais être plus à l'aise dans mon corps. » Lisa (21)

2020 **Lisa (21) :** Je travaillerai par-ci par-là, de temps en temps, pour avoir les moyens de voyager. Je ne suis pas très ambitieuse.

ÉCOLOGIE **Lisa** : Impossible d'ignorer la pollution à Moscou, mais quoi faire ?
Anna : Il faudrait réduire la circulation des voitures et délocaliser les grandes entreprises à la campagne.
Evguény : Nous avons une datcha. Quand on va chercher l'eau au lac dans un seau, on comprend qu'il faut l'économiser.

UE **Lisa :** L'Europe me semble intéressante, j'aime bien, les gens sont différents en Europe. Ici à Moscou personne n'est poli, les gens en général sont peu souriants.
Anna : Les Russes ont une grande admiration pour l'Europe occidentale. L'UE nous paraît évidente, mais la Russie avec sa configuration actuelle ne pourra jamais entrer dans une Union géographiquement plus petite qu'elle.

PARENTS **Lisa :** Mes parents sont divorcés. Depuis que ma mère s'est remariée, mon espace de vie à la maison a rétréci et je le regrette un peu. En tant que mère je serai plus à l'écoute de mes enfants.

ENFANTS **Anna :** Malgré son âge, elle n'est pas tout à fait prête à quitter la maison. Elle est assez cultivée mais hésite à affronter la vie. À cause du prix des loyers, les jeunes sont souvent obligés de rester chez leurs parents jusqu'au mariage et même au-delà.

VŒUX **Evguény :** Organiser une expédition en Antarctique avec des voitures spécialement conçues et accéder aux trois pôles : le pôle Sud, le « pôle inaccessible » et le « pôle du froid » où l'on a recensé la température la plus basse du monde (-89,2 °C).
Anna : Prendre une année sabbatique et faire une croisière autour du monde.

Lazarinka.

À la fermeture de l'usine de tabac, elle a été licenciée après trente ans de bons et loyaux services au département financier. Depuis un mois, elle est directrice financière d'une agence de communication et de publicité.

Mila (16).

Elle est au lycée à Skopje. Très bonne joueuse de tennis, elle se concentre à présent sur ses études. Elle adore sortir avec ses amis, écouter de la musique ou faire de la bicyclette.

2020

Mila (16) : Une chose est sûre, je ne serai pas mariée, je n'aurai que 26 ans. Mais j'aurai probablement quitté ma ville natale.

Lazarinka : Je fais partie d'une chorale de chant russe qui donne des petits concerts. Ce n'est pas toujours facile de bien chanter si on ne connaît pas la langue. Je fais de mon mieux pour progresser en russe.

UE

Mila : Les pays de l'UE sont économiquement attirants et puissants. La Macédoine n'est pas stable.

Lazarinka : Nous souhaitons avoir plus d'échanges commerciaux avec l'UE. Depuis un an, on peut enfin voyager sans visa. Je me sens européenne.

ÉCOLOGIE

Mila : Je ne suis pas très attirée par la nature, je suis une vraie citadine. Les gens de mon âge ne se sentent pas concernés par les problèmes d'écologie, surtout par manque d'information et d'actions proposées sur le terrain.

Lazarinka : Je ne jette rien dans la rue. J'utilise les transports publics.

PARENTS

Mila : Mes parents sont divorcés. Ma mère n'est pas trop sévère, elle me laisse sortir le soir. Elle travaille beaucoup, on n'est pas très proches. Plus tard j'aurai une meilleure communication avec mes enfants, je leur donnerai plus de conseils. Ma mère ne me parle que de son quotidien, ce n'est pas très intéressant.

ENFANTS

Lazarinka : On a une grande différence d'âge et en ce moment c'est d'autant plus difficile de communiquer qu'elle est adolescente. Elle sort avec ses amis et rentre tard, ce qui m'empêche de dormir. Elle croit qu'elle sait tout et peut aller partout. J'aimerais qu'elle fasse ses études à l'étranger pour avoir plus d'opportunités de carrière.

VŒUX

Mila : Faire un tour d'Europe, France, Espagne, Portugal...

Lazarinka : Rendre à temps le bilan annuel qu'on m'a demandé de finaliser et satisfaire mon supérieur.

«Ma mère me pose la question du futur un peu trop souvent,
je ne sais pas ce que je voudrais faire de ma vie.»
Mila (16)

Emana (6) et Amer (19).

Amer vient d'avoir son bac et prépare son départ pour les États-Unis. Il a obtenu une bourse pour ses études d'économie.

Vehid & Amela.

Vehid est ancien mineur. Il est maintenant responsable de la machinerie de la mine. Amela travaille à la clinique universitaire en tant que responsable du service d'ophtalmologie.

2020 **Amer (19) :** Je ferai des études supérieures et resterai quelques années aux États-Unis avant de revenir en Bosnie pour aider mon pays à se développer économiquement.

Amela : J'aimerais suivre une formation dans un hôpital américain pour étudier leur système de santé et pouvoir l'appliquer en Bosnie. Une occasion excellente de rejoindre mon fils !

Vehid : Je serai à la retraite, m'occuperai d'Emana, ma femme sera aux États-Unis...

UE **Amer :** Je regrette que nous n'en soyons pas membre, et à vrai dire je me sens un peu écarté car je n'ai pas les mêmes opportunités que les autres Européens.

Vehid : Je pense que la Bosnie doit se battre pour en devenir membre. L'UE nous apportera la paix et un changement de vie plus rapide.

ÉCOLOGIE **Amer :** J'ai fait partie d'une action de sensibilisation à la pollution : nous avons arrêté la circulation pendant 6 minutes au plus grand carrefour de Tuzla, animé des débats dans les écoles, distribué des flyers dans les rues... et participé à un concours mondial sur le réchauffement climatique. Les participants venaient de 50 pays différents.

Vehid : Tuzla est un chaos industriel avec ses mines de charbon, toutes les industries polluantes... On chauffe la totalité des bâtiments au charbon, ce qui produit une pollution énorme. Je participe à des actions de nettoyage autant que possible.

Anila & Eduart.
Anila est pianiste et administratrice dans une école pour enfants handicapés. Eduart est un homme d'affaires actuellement au chômage.

Shila (10) et Klark (19).
Klark est en première année à l'Académie de cinéma à Tirana. Il vient de terminer son premier court métrage. Son maître : Alfred Hitchcock.

2020 **Klark (19) :** Je serai réalisateur et vivrai à Londres.

UE **Klark :** Maintenant, il y a la paix en Europe mais l'euro ne marchera jamais en Albanie : notre économie est trop bancale.
Eduart : L'Albanie est le plus ancien pays des Balkans. Nous sommes très nationalistes et resterons toujours albanais.
Anila : L'Albanie fait partie de l'Europe géographique et devrait aussi appartenir à l'Europe politique.

ÉCOLOGIE **Klark :** On espère que le gouvernement s'intéressera au problème, car le peuple albanais est très fainéant et personne ne va agir de sa propre initiative...
Anila : Nous avons des rivières et des installations hydrauliques, nous ne manquons donc pas d'énergie électrique. Par contre, il n'y a pas de système de recyclage. Et en plus, les Italiens viennent décharger leurs déchets ici !
Eduart : Le projet d'une centrale solaire thermodynamique dans la vieille ville soulève de nombreuses protestations de la part des habitants.

PARENTS **Klark :** Le plus beau cadeau que m'ont fait mes parents : un ordinateur quand j'avais 14 ans.

ENFANTS **Anila :** Je suis une mère pour toutes les questions qui fâchent : l'ordinateur, se lever tard... Sinon, nous sommes comme des amis.

2020 :
PEUT-ÊTRE
UN **PETIT**
AMI...
MAIS PAS
DE **MARI !**

Alberte (15), DANEMAR

Stela / Yulia (19) / BULGARIE – Stara Zagora

Alberte (15) / Anne / DANEMARK – Lyngby

Maria

très fière de son palmier issu d'une graine plantée il y a douze ans.
Maria est psychologue à l'école élémentaire, elle adore la nature, les chats et les livres.

Elys (18)

en charmeuse de serpent !
À la rentrée, Elys sera étudiante en médecine à l'université de Prague. En attendant, elle travaille à mi-temps dans une boutique de mode.

2020 **Elys (18) :** Je serai chirurgien esthétique.
Maria : Je serai grand-mère, j'habiterai à la campagne avec un jardin et plein de chats.

UE **Elys :** Quand nous avons rejoint l'UE, c'était très bien, maintenant on doit payer les dettes de la Grèce. Je ne me sens pas européenne mais extraterrestre !
Maria : Il y a une grande différence culturelle entre la Slovaquie et les nouveaux membres de l'Europe de l'Est.

ÉCOLOGIE **Maria :** J'apporte nos vieux journaux et papiers chez ma mère, nous les brûlons dans son jardin. On utilise les cendres comme engrais.

PARENTS **Elys :** C'est difficile avec ma mère, nous n'avons pas la même idée de la vie. Nous nous disputons tous les jours. Elle est très calme et parfaite. Quand elle se lève le matin à 6 heures, c'est l'heure à laquelle je rentre après avoir dansé toute la nuit… Je suis un peu comme mon père, qui est argentin : il adore danser et faire la fête. Les Slovaques sont bien plus conservateurs.

ENFANTS **Maria :** Elys a une forte personnalité. Elle tient 40 % de moi et 60 % de son père.

VŒUX **Elys :** J'aimerais aider ma mère financièrement, créer ma propre famille tout de suite. J'ai abusé des fêtes et connu trop de garçons dans ma vie !
Maria : Avoir plus d'argent, vivre dans une petite maison et écrire des poèmes !

ÉCOLOGIE

« Je ne fais rien pour sauver la planète, mais je souris aux gens dans la rue, il se peut que ce petit geste rende quelqu'un heureux. » Elys (18)

PAYS-BAS, AMSTERDAM
La ville fête le retour de ses héros, les vice-champions de la Coupe du monde.

KNVB

Johanna (13).

Elle chante, elle danse, rêve d'être célèbre et de vivre aux États-Unis.
En attendant, Johanna s'intéresse à la nature et imagine partir un jour dans les pays pauvres pour distribuer de l'aide et des médicaments.

Britta devant son portrait, adolescente.

Britta est infirmière et travaille également en tant qu'attachée de presse et communication pour la Société suédoise du cancer. Elle a deux vœux : une famille en bonne santé – elle voit tant de gens mourants autour d'elle... – et voyager en Thaïlande : « Les gens sont bienveillants, c'est tellement relaxant ! »

Olga, tout en noir et blanc.

Elle est coiffeuse et formatrice dans une école de coiffure, elle aime le rock'n'roll, son chien et est très fière de la déco de son appartement. « J'espère pouvoir vivre à Sochi, au bord de la mer Noire, et faire le tour du monde… »

Sasha (16), tout en blanc et noir.

Sasha adore le cinéma et la photo. Elle travaillera dans les relations publiques à Moscou. « On parle beaucoup entre nous, ma mère est vraiment à l'écoute. J'espère que je serai comme elle plus tard. Elle est toujours prête à aider les autres. »

Paula.

Paula est assistante dans une école primaire. Elle s'occupe seule de ses quatre garçons ainsi que de ses parents invalides. Elle aime prendre soin de son jardinet et promener son labrador.

Chris (22), Mathew (18), Jack (15) et Marc (24)

pendant la Coupe du monde sous les fanions aux couleurs anglaises.

Jack joue au foot et suit des cours de cuisine à l'école – il adore la cuisine indienne – mais c'est juste pour le plaisir : il n'en fera pas son métier. Mathew est en terminale. Marc vient de terminer son service militaire et ne trouve pas de travail. Chris poursuit ses études à l'étranger.

2020 **Mathew (18) :** J'aurai fini mes études en gestion hôtelière et je travaillerai dans ce domaine. Plus tard, j'aimerai avoir 3 enfants avec ma fiancée !

Paula : J'aimerais ouvrir un lieu pour m'occuper des animaux abandonnés. Et partir vivre au bord de la mer : je suis capable de contempler l'océan pendant des heures.

UE **Mathew :** Je ne me sens absolument pas européen mais j'ai vraiment envie de quitter l'Angleterre pour l'Espagne.

ÉCOLOGIE **Jack (15) :** J'y penserai plus tard ! Pour le moment je ne vois pas comment je peux être efficace.

Mathew : Il me manque une réelle motivation pour devenir plus actif. Voir des films documentaires pourrait m'aider.

Paula : Tout est recyclable aujourd'hui, je fais le maximum. Malheureusement il n'y a pas d'initiative dans le voisinage. J'aimerais que les gens soient moins préoccupés d'eux-mêmes et moins critiques envers les autres.

PARENTS **Jack :** Je ne fais rien de spécial avec ma mère, à part regarder des séries à la télé.

Mathew : Ma mère n'est pas stricte, elle nous fait confiance.

ENFANTS **Paula :** Quand mon mari m'a quittée il y a trois ans, mes enfants m'ont beaucoup aidée à passer le cap. Maintenant ils sont presque tous adultes, je ne leur impose pas de règles, mon mari était plus autoritaire. Mais ils sont toujours prêts à m'aider.

VŒUX **Jack :** Be happy !

Mathew : Être un bon père.

Paula : Rencontrer un amoureux !

«Nous pourrions économiser l'électricité : nous avons 3 téléviseurs dans la maison, et il arrive qu'on regarde tous la même chaîne...» Mathew (18)

PAYS-BAS – Amsterdam

BULGARIE – Stara Zagora

FRANCE – Paris

SUISSE – Ottenbach

TURQUIE – Ataköy

FRANCE – Paris

BELGIQUE – Wavre

PAYS-BAS – Amsterdam

SLOVAQUIE – Banska Stiavnica

SERBIE – Belgrade

AUTRICHE – Senftenbach

HONGRIE – Villany

« Rien à dire : une mère, elle sert toujours à quelque chose ! »

Jacqueline

en civil, l'atout charme de l'armée !
Jacqueline est née au Sénégal d'un père français et d'une mère sénégalaise. Elle rêvait d'être médecin militaire mais a fini par être militaire tout court. Aujourd'hui, elle est adjudant-chef dans l'armée de Terre, détachée au ministère des Affaires étrangères et européennes. Elle est deux fois veuve et élève ses enfants seule.

Andréa-Laure (18) et Jean-Mayero (10).

Andréa-Laure est en première année de droit et espère devenir commissaire-priseur. Elle adore les chaussures et les chapeaux. Son hobby, c'est la danse classique qu'elle pratique depuis huit ans. Jean-Mayero est un élève « brillant » (dit-il !). Il rêve d'être footballeur, sinon il sera vétérinaire ou médecin.

2020 **Jean-Mayero (10) :** Je serai encore chez ma mère mais à 21 ans je prendrai un petit studio tranquille. Plus tard, vers 28-30 ans, j'aurai 3 ou 4 enfants.
Jacqueline : Je serai encore en service mais je prendrai ma retraite à 56 ans pour faire un tour du monde, me reposer, faire du yoga, apprendre le piano et faire du bénévolat pour m'occuper des personnes âgées et des enfants. Paris sera toujours Paris. J'y reviendrai toujours. Je suis à 1000 % parisienne !

ÉCOLOGIE **Andréa-Laure (18) :** C'est super important ! Tous les jours, il y a 60 espèces de plantes qui disparaissent. Je trie à la maison et prends les transports en commun.
Jacqueline : J'adhère complètement, mais dans le monde où nous vivons, c'est une douce utopie. Les gens ne se donnent pas les moyens de tout faire pour l'environnement. Ce ne sont que des petits gestes qui ne servent à rien si les grandes puissances, États-Unis, Inde, Chine, ne suivent pas le mouvement.

PARENTS **Andréa-Laure :** Maman est adorable. Je ne lui arriverai jamais à la cheville pour élever mes enfants comme elle m'a élevée. C'est mon modèle dans la vie !
Jean-Mayero : Parfois, ma mère crie fort... Moi, je serai plus cool avec mes enfants.

ENFANTS **Jacqueline :** Nous sommes une jolie petite famille « United Colors of Benetton » comme disent mes amis. Mes enfants s'aiment beaucoup et nous sommes très unis tous les trois. 21 ans, c'est le bon âge pour se lancer dans la vie... sinon, je les mettrai à la porte !

VŒUX **Jacqueline :** Plus de tolérance et d'humilité pour tout le monde et le monde serait presque parfait !

« Pas de mari, pas d'enfants, pas d'entraves. Je me vois très indépendante et ne serai plus chez ma mère depuis longtemps ! » Andréa-Laure (18)

Emir (17) et Emina (16) surveillés du balcon par leurs parents.

Emina vient de passer une année scolaire aux États-Unis. Emir a fini le lycée et veut faire des études de sciences sociales en Allemagne. Grand sportif, il s'est découvert une nouvelle passion, la pâtisserie !

Sadik & Indira qui essaie (sans succès) de regarnir son crâne !

Indira est docteur en pharmacie, elle possède plusieurs pharmacies à Tuzla. Sadik est chirurgien. Il souhaite aménager une clinique privée dans sa très grande maison.

2020 **Emina (16) :** Je voyagerai dans le monde pour aider les populations qui souffrent, comme en Somalie. Je n'aurai pas encore de famille, je serai seule pour affronter ma vie et mes défis.

Emir (17) : Après mes études en Allemagne, je reviendrai en Bosnie pour aider au développement de mon pays.

Sadik : Ouvrir ma propre clinique avec l'idée qu'un de mes enfants travaillera avec moi.

Indira : Développer mes pharmacies en espérant que mes enfants viendront travailler avec moi.

UE **Emir :** L'UE, c'est le but ultime de notre pays. Nous sommes déjà un pays multiculturel : mon meilleur ami est catholique et croate, j'ai d'autres amis serbes et nous sommes musulmans bosniaques, tout cela n'a aucune importance !

Sadik : La Bosnie fait partie de l'Europe, un jour nous allons rejoindre l'UE. J'espère que la nouvelle génération aura l'opportunité de vivre, d'étudier et de voyager librement.

ÉCOLOGIE **Emina :** Nous avons une réunion de voisinage ce week-end pour parler du ramassage des déchets dans notre quartier. Nous sommes déjà plusieurs à nettoyer les rues.

Sadik : Nous ne recyclons rien, il n'y a pas d'infrastructure. Mais nous avons un compost dans notre jardin.

PARENTS **Emina :** Je suis de plus en plus complice avec ma mère, par contre, quand j'aurai des enfants, je leur parlerai davantage pour mieux les comprendre.

Jan & Inger planchent sur le dessin de leur future maison de campagne.

Jan est ingénieur en bâtiment. Inger est professeur
e design dans un lycée professionnel. Ils sont dévoués
orps et âme au scoutisme et ont organisé l'été dernier
ın rassemblement de 20 000 scouts du monde entier.

Rune (20), Jacob (24) et Line (18) sont scouts depuis qu'ils ont appris à marcher…

Line est en terminale. Rune chante dans une chorale de gospel à l'église.

2020 **Rune (20) :** Devenir écrivain et publier des chefs-d'œuvre !
Line (18) : Éducatrice spécialisée pour travailler avec les ados.

ÉCOLOGIE **Line :** On distribue trop de sacs en plastique dans les magasins.
Rune : Il y a trop d'emballages autour des chewing-gums !
Jan : Dans notre future maison, nous avons utilisé des matériaux écologiques et installé une pompe à chaleur. Dans mon métier, la question de comment économiser l'énergie dans un bâtiment devient cruciale.

UE **Line :** L'UE devrait aider davantage les pays pauvres, nous avons tellement d'argent dont on n'a pas besoin !

PARENTS **Rune :** Je laisserai mes enfants décider s'ils veulent porter un casque ou non à vélo. Ça a été un long combat pour moi ! Je pensais : « Je suis ridicule avec ce truc ! Que vont dire les filles… » Ma mère discute trop, mon père est tout le contraire : c'est un ours qu'on aimerait avoir sur son lit !
Line : Mes parents ne nous donnent pas beaucoup de consignes, il faut tout trouver par soi-même, je me sens un peu perdue. Je pense que j'orienterai plus mes enfants.

ENFANTS **Inger :** Nous sommes leurs parents, ils le savent, et ils en ont besoin. Nous sommes aussi leurs amis quand on fait du ski ou qu'on voyage, mais on restera toujours leurs parents.

VŒUX **Rune :** Être heureux, puisqu'on peut tout faire dans cet état !
Jan : Acheter une caravane pour l'été et passer l'hiver dans la maison de campagne.

Sevinc

pose avec ses peintures préférées.
Sevinc est maraîchère, elle fournit les restaurants d'Istanbul en salades provenant des champs qu'elle possède dans la région d'Antalya. Elle aime cuisiner et peindre.

Ece (20) et Selin (25).

Ece est étudiante en publicité, option cinéma et télévision. Elle est en train de tourner une vidéo pour son école, dont elle a écrit le scénario et qu'elle doit monter elle-même.

2020 **Ece (20) :** La pub m'intéresse pour son côté psychologique, mais je travaillerai plutôt pour la télé ou le cinéma, qui m'attirent esthétiquement.
Sevinc : Peindre plus !

ÉCOLOGIE **Ece :** Pour le moment, je ne fais pas grand-chose. Mais quand je serai dans la pub, ou dans le cinéma, j'aurai le pouvoir de motiver davantage les gens.
Sevinc : Je trie et essaye de produire le moins de déchets possible, et j'évite de prendre les sacs en plastique des supermarchés. J'adhérerais volontiers à une association pour sensibiliser davantage les gens à ce problème.

UE **Sevinc :** La Turquie pourrait faire partie de l'UE sans accepter toutes les conditions et règles...

PARENTS **Ece :** Depuis un an et demi on s'écoute de nouveau et on se comprend davantage. Je critique ma mère mais au fur et à mesure je m'aperçois qu'on se ressemble. Je pense que l'époque de sa jeunesse était plus intéressante, l'engagement était autre. Avec Internet aujourd'hui, tout semble facile à obtenir.

ENFANTS **Sevinc :** Ece est une fille généreuse et sensible, mais aussi très têtue !

VŒUX **Sevinc :** Trouver un compagnon...

«Je préfère que la Turquie n'entre pas dans l'UE.
Elle est si différente qu'elle va déstabiliser les autres membres, qui ont déjà assez de problèmes sans nous !» Ece (20)

UKRAINE, LVIV
Minijupes et talons aiguilles.

Valérie & Jean-Pascal dans leur maison de campagne.

Jean-Pascal réalise et produit des films d'animation pour l'industrie pharmaceutique et biotechnologique. La lecture est son passe-temps favori. Valérie gère la société qui exploite les talents de son mari.

Boris (14) et Sophie (16) qui a dû être persuadée de poser dans le garage à motos.

Sophie fera du droit, une école de journalisme, puis passera un an à l'étranger (aux États-Unis ou en Inde). Boris sera hôtelier, une idée qu'il a depuis l'âge de 10 ans. Il fait du sport : « wakeboard », golf, tennis et moto tout-terrain.

Boris (14) Sophie (16) Valérie & Jean-Pascal

« Je laisserai plus de liberté à ma fille (en tout cas j'aimerais le croire !). » Sophie (16)

2020 **Sophie (16) :** Je serai encore étudiante.
Boris (14) : J'aurai mon hôtel : ce sera un palace qui sortira de l'ordinaire. Et je monterai également une affaire en Mongolie. J'ai vu un documentaire et je suis persuadé que j'entreprendrai quelque chose dans ce pays.

ÉCOLOGIE **Sophie :** Nous vivons une rupture du modèle économique, social et culturel. On peut continuer en évoluant vers un développement durable, ou on risque une révolution des pays en voie de développement.
Boris : Je pense que personne ne fait trop d'efforts, alors je n'en fais pas non plus. C'est très bien de trouver de nouvelles sources d'énergie mais il faut que tout le monde participe. En tout cas je jette mes papiers à la poubelle !
Jean-Pascal : C'est important de prendre conscience du gaspillage, mais il faut éviter d'en faire une nouvelle religion ou idéologie intégriste : je me méfie de tous les intégrismes. Est-ce raisonnable de faucher tous les champs d'OGM alors qu'ils sont peut-être le moyen de nourrir la planète ? Tout le monde a envie du développement durable, mais il ne faut pas oublier le mot « développement » dans « développement durable ».

UE **Jean-Pascal :** J'étais très positif mais je pense que l'élargissement rapide et les disparités de plus en plus grandes entre les pays ne sont pas favorables à l'Union. Elle se dilue dans une zone de libre-échange sans créer l'unification. Une langue unique sera la condition sine qua non de l'UE, et ça sera l'anglais. Tant qu'il n'y aura pas une équipe de foot européenne, les gens ne comprendront pas ce qu'est réellement « l'Europe » !

ENFANTS **Valérie :** Je passe beaucoup de temps avec Sophie : on fait de la gym, on regarde des films, on en discute. Je me sens plus amie que mère.
Jean-Pascal : Boris est actuellement dans un syndrome tribal, je dirais presque de « troupeau ». J'essaie d'être très tolérant et de lui transmettre certaines valeurs qui, à mon avis, sont en régression dans notre civilisation. On parle de livres et on va au théâtre, sans rien lui imposer. Je crois que petit à petit ça fait son chemin.

VŒUX **Sophie :** Qu'il y ait la même considération pour les filles que pour les garçons. Elles sont traitées et jugées plus sévèrement que les garçons !

Joanna & Andrzej

devant leur future maison, à droite, et celle des parents d'Andrzej, à gauche.

Joanna est cuisinière dans un grand restaurant des environs, où elle fait de la cuisine française ! Andrzej travaille dans le bâtiment. Actuellement au chômage, il est prêt à accepter toutes les propositions pour pouvoir finir sa maison avec l'aide de copains et de voisins.

Kasia (8) et Anna (15)

entre chien et chat !

Anna est au collège et pratique la danse moderne.

2020 **Anna (15) :** Je serai institutrice. Je ne vivrai pas à la campagne mais resterai en Pologne.

Joanna : J'espère que notre maison sera enfin finie.

UE **Anna :** Ça ne m'intéresse pas vraiment.

Joanna : Nous ne voyons pas beaucoup de bénéfices en ce qui nous concerne. Nous sommes partis travailler pendant deux ans en Angleterre. Notre fille Kasia est venue avec nous, Anna est restée ici chez ses grands-parents à cause de l'école.

ÉCOLOGIE **Anna :** Le recyclage est important, nous trions à la maison et je suis sensible à la protection de l'environnement.

Joanna : J'ai différentes poubelles pour faire du tri sélectif mais nous n'avons pas beaucoup d'espace et ce n'est pas facile. Pour la nouvelle maison, nous voulons utiliser des matériaux écologiques comme les panneaux solaires mais c'est une question de budget : ces matériaux sont très chers en Pologne.

PARENTS **Anna :** Ma mère travaille tout le temps, je ne la vois pas beaucoup. Avec mon père, on discute souvent autour d'une tasse de thé... Quand je serai mère, je prendrai plus de temps avec mes enfants.

ENFANTS **Joanna :** Quand nous étions en Angleterre, Anna a eu une période très dure sans nous. Maintenant, elle s'épanouit. J'aime cuisiner avec elle, nous faisons des plans pour la nouvelle maison, la peinture, la décoration... Mais elle a aussi pris la mauvaise habitude d'emprunter mes vêtements, c'est très énervant. Dès que j'ai quelque chose de nouveau, elle me le pique en douce !

VŒUX **Anna :** Trouver un travail avec des enfants.

Joanna : Tout de suite, j'aimerais faire une grande promenade avec toute la famille dans la montagne.

Andrzej : Je préfère rester ici et regarder une émission sur Discovery Channel !

« Je déteste les voisins qui brûlent les bouteilles en plastique dans leur jardin. »
Anna (15)

Manuela

sous son porche fleuri.
Manuela vit seule avec ses filles. Elle est saisonnière dans l'agriculture, elle s'occupe du bétail, fait les foins... Elle travaille occasionnellement dans une maison de retraite et fait des ménages.

Andreia (19) et Maria (21)

dans la pièce principale (6 m²) de leur maison.
Maria et Andreia suivent les mêmes études, elles adorent les enfants et aimeraient devenir puéricultrices. Elles ont deux cochons d'Inde, deux chiens et quatre chats. Maria adore sa bicyclette et joue au foot avec ses copines.

2020 **Maria (21) :** J'aurai 2 enfants et travaillerai dans une crèche.
Andreia (19) : Je serai n'importe où au Brésil, sur une plage.

ÉCOLOGIE **Andreia :** Dans la rue, je ramasse les sacs en plastique et les canettes pour les jeter dans une poubelle. Dans notre potager, nous cultivons sans engrais des pommes de terre, de la salade et du feijao.
Maria : J'évite de faire du feu près des bois. Nous avons connu beaucoup d'incendies qui ont détruit une grande partie de la forêt. Ce qui m'inquiète le plus, ce sont les produits chimiques utilisés dans l'industrie et déversés dans la nature.
Manuela : Je suis sensible à la nature. Nous devons en prendre soin pour avoir de bonnes récoltes et pouvoir nourrir les animaux.

UE **Manuela :** Je suis très mal informée sur l'UE, je n'ai pas beaucoup de temps, je me couche tôt car je me lève tôt.

PARENTS **Andreia :** Je parle de tout avec ma mère. Mais nous avons quelques disputes quand je dois nettoyer la cour et les cages des lapins et des poules.

ENFANTS **Manuela :** Je suis très inquiète car je ne gagne pas beaucoup d'argent. Mes filles arrivent à la fin de leurs études, il faut qu'elles gagnent leur vie rapidement. Elles sont très différentes mais aucune ne m'aide quand j'ai besoin d'elles...

VŒUX **Andreia :** Me marier, avoir des enfants et habiter près de la plage.

«Vivre avec quelqu'un, sans être mariée, habiter ici à la campagne, et dîner avec la plus grande star du football portugais.»
Maria (21)

LES **PAYS EUROPÉENS** VOUS **REGARDENT DE HAUT** SI VOUS VENEZ **D'UN PAYS PAUVRE.**

Ornella (16), AUTRICHE

Leonie (15) Louis (9) Linus (17) Lisa (21) / Martin & Gabi / ALLEMAGNE – Odenthal

Isabelle & Richard / Dorothee (4) Deborah (14) Ornella (16) Jeremie (7) / AUTRICHE – Ried

Michéal & Mary

très fiers de leur Toyota (année 84), qui, d'après Michéal, a le même âge que sa fille aînée mais coûte beaucoup moins cher à l'entretien !
Ils sont mariés depuis trente ans, ont une ferme avec gîte rural ainsi qu'un B&B au village. Mary adore le jardinage et pratique la danse irlandaise traditionnelle.

Michael (19)

avec « Blanchette », la vedette de la ferme !
Étudiant à Dublin, futur instituteur, il aide ses parents à la ferme durant les week-ends et les vacances. Il joue au football gaélique, un mélange de foot et de rugby.

2020

Michael (19) : Je serai enseignant. J'espère avoir une famille avec 1 ou 2 enfants.

Michéal : On aura toujours la ferme avec des moutons, des chèvres, des vaches, des poneys, des canards, des oies et des poules. Et un grand potager. J'espère que mon fils prendra le relais.

Mary : Dans le futur, j'aimerais prendre la vie comme elle vient et être moins occupée avec le quotidien.

UE

Michael : Je me sens plutôt irlandais.

Michéal : Que l'UE persiste, sans guerre. Par contre, la bureaucratie et les règlements, pour un fermier, sont un vrai casse-tête !

ÉCOLOGIE

Michael : J'ai d'autres priorités.

Michéal : On fait ce qu'on peut, je ne vois pas comment faire plus. Nous aimerions installer une éolienne, mais la procédure pour obtenir la permission est longue et compliquée.

Mary : Nous projetons de développer notre activité d'agritourisme et de construire un nouveau gîte écologique, avec des panneaux solaires et une bonne isolation.

ENFANTS

Michéal : On ne se dispute jamais. Je ne donne pas de direction à suivre, c'est la motivation qui compte à l'adolescence.

Mary : En ce moment, je suis très fière de mon fils car il a animé une colonie de vacances comme le faisait sa sœur avant.

« Je suis assez proche de mon père.
On va ensemble au pub boire une bière et jouer aux cartes.
Ma mère me pose trop de questions ! » Michael (19)

Jakubas (9) et Kotryna (14) dans leur chambre commune.

Kotryna, lycéenne, pratique les chants et danses folkloriques.

Arunas & Diana.

Diana est professeur de religion (catholique). Arunas continue son travail d'agent de sécurité de la centrale nucléaire malgré sa fermeture en 2004 (une des conditions exigées pour l'entrée de la Lituanie dans l'Union européenne).

2020 **Kotryna (14) :** J'étudierai les maths et le droit à Vilnius. J'espère devenir avocate ou faire de la politique.
Diana : Je serai certainement active dans une association caritative chrétienne.

UE **Diana :** Nous nous sentons européens depuis la fermeture de la centrale nucléaire.

ÉCOLOGIE **Kotryna :** À l'école, il y a un groupe pour l'environnement, j'en fais partie. Nous communiquons nos idées aux plus petits. Quand je serai avocate, je pourrai défendre des causes écologiques.
Arunas : Avant la fermeture de la centrale nucléaire, la pollution était moindre. Maintenant, nous sommes obligés de chauffer avec du fuel ou du charbon...

PARENTS **Kotryna :** Mes parents me donnent de l'argent quand j'ai de bonnes notes à l'école, mais je n'en ai pas souvent alors ils se fâchent. Moi, je motiverai mes enfants en leur expliquant que tout ce qu'ils font à l'école, c'est pour leur avenir.

VŒUX **Kotryna :** Mon anniversaire est tout juste passé et mes vœux sont accomplis. Mais si je pouvais, je partirais avec toute ma famille en Afrique.
Arunas : Que le futur ne soit pas pire que le présent !

Sanja & Miso.
Sanja est professeur à l'université et traductrice.
Elle enseigne le russe et la philosophie.
Miso, économiste, a travaillé et vécu en ex-Union soviétique, en Afrique et en Amérique.

Alba (12).
Alba fait du dessin, du hip-hop et joue de la guitare.

2020 **Alba (12) :** Je serai prof d'anglais ou d'espagnol. Je vivrai peut-être dans l'Utah, je suis née là-bas.
Miso : Nous avons une oliveraie au bord de l'Adriatique, où nous pressons notre propre huile. J'aimerais m'en occuper davantage.

UE **Alba :** Je ne connais pas grand-chose en politique, mais j'aimerais approfondir ma connaissance de l'histoire et des langues des différents pays européens.
Miso : L'UE a commis une grande injustice, elle a accepté des pays bien moins qualifiés que nous. L'histoire de la Croatie est indissociable de l'Europe.

ÉCOLOGIE **Alba :** Quand il y a des marées noires, les gens ne s'inquiètent pas, pensant que ce sont « seulement » les animaux qui sont touchés : ils ne réalisent pas les dommages au niveau de l'écosystème. Moi, je serais prête à créer un groupe de sensibilisation à l'écologie.
Miso : Nous avons encore beaucoup à apprendre.
Sanja : Nous sommes au tout début de l'utilisation des matériaux durables. Nous avons déjà des panneaux solaires dans notre maison d'été.

PARENTS **Alba :** Mes parents sont très drôles. Ma mère sait quand elle peut être amicale et quand elle doit être stricte... J'aime jardiner avec mon père, c'est son hobby.

ENFANTS **Sanja :** Ce qui m'inquiète, c'est notre système scolaire qui est extrêmement compétitif et exigeant.

Leos & Anne

sur la grande place centrale de Pilsen où se trouve aussi leur restaurant.
Anne, d'origine française, et Leos tiennent ensemble le restaurant « La Tartelette ». Avant, Leos travaillait chez Skoda, le fabricant de voitures, qui, avec la brasserie Pilsen, était la fierté de la ville.

Paul (17) et Noé (13)

dans leur grenier et avec leur crosse de floorball.
Ils jouent tous les deux au floorball. Paul est dans un club, s'entraîne 6 fois par semaine et n'a plus le temps pour la musique. Noé continue la guitare et la batterie.

2020 **Paul (17) :** Je serai journaliste ou commentateur sportif télé ou radio.
Noé (13) : Rester à Pilsen et travailler dans le domaine des langues ou de l'histoire, ce sont mes sujets favoris.
Leos : Changer de métier, un restaurant c'est du non-stop. Mais avec 3 enfants et la période économique actuelle, c'est impossible.

UE **Leos :** Depuis que la République tchèque est membre de l'Union, on a trop de pression, il faut gagner plus d'argent, et vite.
Anne : J'ai toujours été sceptique : j'ai l'impression que les gens préfèrent vivre dans une petite communauté, avoir des limites pour mieux se connaître.

ÉCOLOGIE **Noé :** Nous sommes encore trop jeunes pour participer. Tout seul, je ne pourrai pas sauver le monde, il faut que les autres s'y mettent aussi !
Leos : Les cartons et les bouteilles sont mélangés dans une seule benne. L'excuse : ça crée de l'emploi pour les Roumains qui les trient.
Anne : Ce n'est pas toujours évident de trouver des produits de qualité ou bio pour le restaurant.

PARENTS **Noé :** Ce que je n'aime pas chez ma mère, c'est quand elle parle tchèque : elle n'y arrive pas trop, elle nous fait honte ! Mon père, on dirait qu'il est encore ado, souvent il se comporte comme moi !

ENFANTS **Anne :** Ils sont dans une période où ils parlent peu. Mais j'ai aussi l'impression de ne pas avoir vu grandir mes enfants ! Noé est en admiration devant son grand frère, j'aimerais qu'il se démarque, qu'il ne vive pas dans son ombre.
Leos : Je regrette que nous ne fassions pas plus de choses ensemble à cause de notre emploi du temps. Il y a une semaine nous sommes allés voir un match à Milan, c'était mon premier voyage avec Paul.

VŒUX **Paul :** Un travail passionnant.
Anne : J'aimerais retourner en France mais je crains que ça ne soit pas réaliste.
Leos : Que Pilsen gagne la Ligue des champions.

«2020 : je vivrai en Suisse ! C'est un très beau pays et ils ont des clubs de floorball.»
Paul (17)

Oksana

dans son magasin.
Oksana est une femme seule et dynamique. Elle aime la décoration intérieure et vient d'ouvrir son propre magasin de meubles dans la banlieue de Lviv.

Julia (20) et Oleg (16)

devant l'école militaire d'Oleg.
Oleg a tout récemment décidé de quitter le lycée pour rejoindre l'école militaire pendant deux ans. Julia a fait de l'anglais et des études de relations internationales. Maintenant elle travaille dans le magasin de meubles de sa mère.

2020 **Oleg (16) :** Je serai officier dans l'armée.
Julia (20) : J'aurai ma propre affaire ici, à Lviv.
Oksana : Je serai une femme d'affaires qui a réussi et ouvrirai des filiales de mon magasin. J'aimerais aussi un jour travailler dans le tourisme.

UE **Julia :** Ni notre gouvernement ni notre présicent ne correspondent aux exigences de l'UE... Aucune chance pour nous de rejoindre l'Europe !
Oksana : C'est encore un long chemin pour l'Ukraine avant qu'elle fasse partie de l'UE. Les gens d'ici ne sont pas prêts psychologiquement, même si l'économie du pays est à la hauteur des exigences de l'Union.

ÉCOLOGIE **Julia :** Nous avons des paysages magnifiques mais peu de gens se soucient de ce patrimoine naturel.
Oleg : J'aimerais participer à la reforestation. Nos forêts ont été dévastées durant des années...
Oksana : Se sensibiliser à l'écologie est nécessaire et le recyclage est une excellente idée, mais, pour nous, les énergies alternatives sont trop chères à mettre en place. Nos industries sont vétustes, il faudrait les moderniser pour les rendre compétitives.

PARENTS **Julia :** J'ai fait le choix de travailler avec ma mère mais ce n'est pas évident d'avoir sa mère comme chef. Elle est très autoritaire et c'est toujours elle qui décide.

ENFANTS **Oksana :** Mon fils est un ado qui pense être déjà adulte, il ne m'écoute plus et fait ce qu'il veut. Malheureusement nous ne nous voyons pas souvent car je travaille beaucoup, j'aurais aimé être plus disponible pour discuter avec lui. Ma fille travaille avec moi. Au travail, je suis sa patronne et je la traite comme une employée. Mais j'ai ouvert ce magasin pour elle, plus tard.

VŒUX **Julia :** Partir au Sri Lanka.
Oleg : Finir l'école et faire des études universitaires.

«Nous n'avons pas de poubelle spécifique pour trier les déchets, sinon je le ferais.»
Julia (20)

ROUMANIE, BUCAREST
Lèche-vitrine à Bucarest.

GALLERY
GN
6.

Cornelia & Manfred

dans leur orangerie-salon de musique.
Manfed est restaurateur de meubles et de tableaux anciens et réalise des œuvres en tadelakt (technique marocaine d'enduit à base de chaux qui servait autrefois à décorer les murs des hammams). Il joue du violoncelle et de la guitare. Cornelia travaille à mi-temps aux thermes.

Jakob (15) et Paula (13).

Jakob joue du violoncelle et prépare son entrée au lycée professionnel. Paula chante dans un chœur.

2020 **Jakob (15) :** Je voudrais devenir analyste-programmeur.
Cornelia : Découvrir l'Amérique latine et l'Europe de l'Est.
Manfred : Je travaillerai encore au village, qui grâce aux thermes va certainement continuer à s'agrandir et embellir.

ÉCOLOGIE **Paula (13) :** Je trie les déchets et je serais prête à acheter moins de chocolat !
Jakob : Je ne sais pas quoi faire...
Manfred : Nous étions les premiers au village à installer des panneaux solaires. Un point noir dans la région : si comme prévu les Allemands construisent un dépôt de déchets nucléaires près de la frontière, j'irai manifester.
Cornelia : Nous avons un petit bois que nous entretenons et qui nous fournit de quoi nous chauffer tout l'hiver.

UE **Jakob :** C'est génial, on n'a plus besoin de passeport pour traverser la frontière, du coup, à la récréation, je peux aller m'acheter à manger en Allemagne : il y a un très bon boucher pas loin !
Manfred : Moi, j'ai voté contre. Les grandes puissances ont tendance à décliner rapidement...
Cornelia : À cause de la mondialisation, les traditions et langues régionales se perdent. Quel dommage !

PARENTS **Paula :** Des conflits, il n'y en a pas sauf au sujet du téléphone. J'ai tendance à parler longtemps avec mes amis, alors ma mère s'énerve et devient méchante. Sinon on parle de tout.
Jakob : Mes parents ne sont pas très sévères. La seule règle incontournable : enlever les chaussures à la maison.

ENFANTS **Manfred :** Nous faisons de la musique et chantons ensemble. Récemment, j'ai fait un voyage seul avec Jakob en Turquie, ça nous a rapprochés.
Cornelia : Pendant un temps, Jakob était très renfermé et passait son temps devant l'ordinateur, maintenant il nous parle à nouveau.

VŒUX **Cornelia :** Apprendre d'autres langues : grec ou arabe.
Manfred : Faire une exposition de mes panneaux en tadelakt.

« Mes enfants auront droit à plus d'argent de poche ! »
Paula (13)

Gérard & Magali dans leur potager hivernal.

Gérard est aide-soignant. Magali fait les vendanges en automne et s'occupe des siens. Toute la famille part régulièrement à la montagne pour pratiquer le qi gong et camper dans la neige.

Boris (15) et Samuel (14) ont insisté pour poser dans « leur » arbre.

Samuel sera pisteur ou guide dans les Pyrénées toutes proches.
Boris fera la même chose mais... dans l'Himalaya !

Maaike dans son « House of Love ».

Maaike est gérante de deux boutiques d'accessoires et jouets à Amsterdam. Une boutique pour enfants et une autre sur le thème de l'amour, une manière de rendre la vie plus légère. « Mon fils est très sensible. Il a le don de découvrir la valeur des petites choses dans le quotidien. »

Yavid (17) sur les pointes !

Il est lycéen et suit des cours de danse (ballet, modern-jazz, hip-hop, house, street-dance...). « J'aime que ma mère ne soit pas comme les autres. Elle s'habille comme ça lui plaît, dit ce qu'elle pense et fait ce qu'elle veut. J'essaie de faire la même chose mais ça ne marche pas encore vraiment. »

ALBANIE – Tirana

UKRAINE – Kosiv

SUÈDE – Drottningholm

FRANCE – Villeneuve-sur-Lot

UKRAINE – Lviv

PAYS-BAS – Beesd

RÉPUBLIQUE TCHÈQUE – Zderaz

SUÈDE – Mölle

ALLEMAGNE – Essen

ALLEMAGNE – Oberhausen

PAYS-BAS – Amsterdam

ROUMANIE – Sacele

« Ne renonce jamais à croire que nous pouvons vivre ensemble sur cette terre. »

Matilde.

Elle est historienne d'art chrétien, spécialisée dans l'imagerie des prêtresses du XIIIe au XVe siècle. Elle réalise également des vidéos documentaires sur les personnes âgées, les tournages de films et les concerts. Depuis six ans, elle élève seule ses jumeaux plus âgés et sa fille.

Camilla (18)

a longtemps hésité avant d'accepter de poser. Elle adore les concerts et les expositions.

2020 **Camilla (18) :** J'aurai fini mes études en mathématiques, enseignerai à l'université et ferai de la recherche. J'aimerais avoir 4 enfants et vivre en Allemagne.
Matilde : Je travaillerai davantage comme réalisatrice de documentaires.

UE **Camilla :** J'appartiens au monde entier, pas seulement à l'Europe.
Matilde : L'UE nous ouvre les yeux sur nos voisins, c'est une belle perspective d'avenir.

ÉCOLOGIE **Camilla :** La situation n'est pas bonne, mais je ne suis pas motivée pour faire quoi que ce soit…
Matilde : J'ai réalisé un documentaire sur la circulation qui pollue notre ville… mais ça n'a rien changé, notre pays n'investit pas d'argent pour développer les énergies propres. J'ai perdu la foi dans les politiciens.

ENFANTS **Matilde :** J'aimerais faire plein de choses avec ma fille, voir des expositions, aller au cinéma, partager un livre, ou juste discuter ensemble… mais elle m'exclut totalement. Ma seule chance serait de réagir immédiatement quand elle me demande quelque chose, ce qui n'est pas toujours possible.

VŒUX **Camilla :** J'aurais voulu pouvoir discuter avec un philosophe de la Grèce antique.
Matilde : Retrouver l'énergie perdue après l'adolescence de mes trois enfants…

« Ma mère est "Omertosa" – expression typiquement sicilienne –, quelqu'un pour qui parler des problèmes est tabou ». Camilla (18)

Jo (17) et Marine (21).

Jo est au lycée. Elle joue de la batterie, fait de la danse africaine et du théâtre. Marine est en dernière année d'école de stylisme. Elle s'inspire des expos, du théâtre, de la danse, de la littérature et du dessin.

Claire.

Claire est institutrice. Depuis l'enfance, elle fait de la peinture et de la sculpture.

2020 **Jo (17) :** Je me vois occupée et contente à Bruxelles, j'aime la Belgique !
Marine (21) : Je ferai du dessin et voyagerai. Peut-être même que je vivrai dans un autre pays.
Claire : Me trouver un amoureux et puis peindre, peindre, peindre... J'ai ouvert une porte d'expression que je ne veux plus refermer !

ÉCOLOGIE **Marine :** Dans notre famille, nous sommes très actifs. En ce moment, je participe à un programme d'aide aux SDF. Ma sœur est très engagée. C'est elle qui nous a « forcés » à ne pas gaspiller l'eau et économiser l'électricité.
Claire : Je suis en train de construire avec mon père architecte une maison « passive », qui sera entièrement en bois, avec panneaux solaires et récupération d'eau de pluie.

UE **Jo :** Je me sens plus belge qu'européenne, mais quand j'étais en Afrique, où j'ai déjà participé à un stage de développement, je me sentais africaine !
Claire : C'est très bien, économiquement et culturellement. Ça ne change pas ma vie, mais je trouve ça chouette.

VŒUX **Marine :** Qu'il fasse un peu plus beau en Belgique !
Claire : Égoïstement, avoir le temps de peindre...

Patrizia en photo et en peinture.
Patrizia travaille dans une pharmacie, fait du bénévolat dans un hôpital et chante dans la chorale de l'église.

Silvia (17) et Francesco (21) ont préféré le salon à leurs chambres.
Silvia joue du violon dans un orchestre, aime lire et dessiner. Francesco est étudiant en sport à Rome et joue au football à 5.

2020 **Silvia (17) :** J'aurai ma propre maison, un bon travail. Je crains de vivre encore ici, alors que je rêve d'habiter à Londres...
Patrizia : J'espère trouver un travail plus intéressant que la pharmacie : je suis en train de passer un examen de conseil en ressources humaines.

ÉCOLOGIE **Silvia :** On commence juste à recycler. C'est un peu difficile, mais on s'applique.
Francesco (21) : Si on pensait à l'environnement autant qu'à nous-mêmes, le monde se porterait mieux.

UE **Silvia :** Il y a encore trop de différences entre les membres, il n'y a pas assez de coopération.

PARENTS **Silvia :** On se dispute beaucoup, mais rien de grave. Ma mère est magnifique. Je lui raconte tout, et si j'ai un problème, elle me conseille.
Francesco : Pour moi, elle est un modèle à suivre dans la vie.

VŒUX **Silvia :** Quitter l'Italie.
Francesco : Être diplômé et trouver un travail aux États-Unis.
Patrizia : Une relation stable et durable.

Florian (16) et Laëtitia (18) dans leur « écurie ».

Florian fait du motocross et sera peut-être pilote de rallye et paysagiste. Laëtitia est puéricultrice mais travaille comme saisonnière dans les serres en attendant de trouver mieux. Le week-end, elle est copilote de rallye automobile.

Martine & Alain, supporteurs fervents de leurs enfants.

Martine est assistante maternelle. Alain est « tueur » dans un abattoir. Le week-end, ils encouragent leur fille copilote et leur fils motard. « On partage tous la même passion et on s'amuse ensemble, comme quand j'étais jeune ! » (Alain)

Stefan (17) dans sa chambre avec sa petite amie.
Stefan est encore au lycée et en parallèle au conservatoire de musique.
Il joue de la guitare classique et du piano. Il compose aussi des morceaux de rock et de blues pour son propre groupe. Depuis l'âge de 12 ans, il est journaliste dans un magazine d'enfants, pour lequel il réalise des interviews avec des « people ».

Dejan & Mirjana dans leur salon entièrement décoré par Mirjana.
Dejan est diplômé en droit mais travaille dans l'industrie pétrochimique. Il est collectionneur et réalise des petits films avec ses amis artistes. Mirjana était professeur d'arts appliqués. Désormais femme au foyer, elle peint, fait de la déco et cuisine...

Stefan (17)
Dejan & Mirjana

« Ma mère est pleine d'humour, et elle aime le rock, comme moi ! » Stefan (17)

2020 **Stefan (17) :** Je serai avocat et également professeur au lycée. Les profs ont une fonction importante dans notre société. La musique restera mon hobby. J'aurai 2 enfants, une maison et un chien.

Dejan : Notre situation politique et économique est très difficile… Il est impossible de savoir ce que l'avenir nous réserve.

UE **Stefan :** Ça ne m'intéresse pas trop. Je sais que la Serbie n'est pas très bien vue par les autres pays de l'Union. Mais dans dix ans on sera prêts, on aura jugé les responsables de l'époque – je regrette que les procès n'aient pas lieu ici chez nous mais il y a trop de corruption pour garantir un jugement impartial.

Mirjana : Nous ne sommes pas dans l'UE mais nous sommes européens !

ÉCOLOGIE **Stefan :** On a commencé à installer des éoliennes en Serbie, mais ce n'est pas suffisant. Pourquoi ne pas profiter de nos rivières pour bâtir des centrales hydrauliques ? Les gens sont pessimistes, ils pensent qu'on ne peut rien faire individuellement, mais si chacun fait un petit geste, ça devient quelque chose de grand !

Dejan : Je suis surtout inquiet à cause des OGM. Les multinationales qui les produisent font de gros bénéfices mais nous ne connaissons toujours pas les conséquences de leur utilisation.

PARENTS **Stefan :** Ils sont un peu surprotecteurs, me suivent partout par SMS, mais je les comprends : je suis fils unique. Suivre deux écoles en même temps me stresse pas mal et crée évidemment des tensions.

ENFANTS **Dejan :** Mon but dans la vie, c'est de donner la meilleure éducation possible à notre fils. La situation économique n'est pas facile mais je préfère lui offrir un voyage culturel plutôt qu'avoir ma propre voiture. Je voudrais qu'il comprenne que l'amour est la chose la plus importante.

Mirjana : Je suis sa mère, pas une amie, nous sommes des parents stricts, et on le récompense selon ses résultats.

VŒUX **Stefan :** Avoir une nouvelle guitare, une « Flying V ». Visiter les monuments mayas et aztèques au Mexique.

Mirjana : Revenir dans le bon vieux temps.

Dejan : Une énorme bibliothèque avec 1 000 livres.

Louis & Patricia.

Louis est directeur d'un bureau de traduction. Il s'intéresse à la recherche généalogique et la théologie du XIXe siècle, et écrit un livre. Patricia travaille dans un cabinet d'orthodontie. Elle lit 4 à 5 livres par semaine.

Laurenz (17)

déteste le foot et a refusé de faire la photo dans la chambre de son frère.
Il suit une formation dans les nouvelles technologies.

Caspar (16) et Silke (13)

sont fans inconditionnels du Bayern de Munich, un comble pour des Hollandais !

2020 ÉCOLOGIE

Caspar (16) : Je serai pilote de ligne.

Laurenz (17) : Je ne me sens pas concerné.

Caspar : Je ne me sens pas tellement coupable quand je jette une canette dans la rue. C'est au gouvernement de trouver une solution pour améliorer la propreté de notre planète.

Patricia : Pas de voiture, je prends le train pour aller au travail. En vacances on loue des vélos.

Louis : Une aberration : la ville nous oblige à trier nos déchets, mais on s'aperçoit que toutes les poubelles sont vidées dans la même benne ! En Hollande, les éoliennes sont nombreuses, mais également très bruyantes.

UE

Caspar : Les problèmes de la Grèce ne me préoccupent absolument pas.

Louis : Des pays comme la Grèce, l'Espagne et le Portugal sont un danger pour l'Union européenne et l'euro. En plus, nous devons payer leurs dettes.

PARENTS

Laurenz : Je ne planifie pas de devenir père, mais si ça m'arrive accidentellement, je serai moins strict avec mes enfants. Heureusement, dans six mois j'aurai 18 ans, je partirai vivre en cité U avec des étudiants de mon âge.

Caspar : Pour aller à une soirée, c'est plus simple d'avoir l'autorisation de mon père que celle de ma mère.

Silke (13) : Le désordre de ma chambre est un conflit récurrent avec ma mère. Elle est un peu trop autoritaire. Mon père est toujours de bonne humeur, il est plus facile à vivre.

ENFANTS

Louis : Tous les trois sont totalement différents, ils ont des besoins spécifiques, il faut s'adapter à chacun pour leur adresser la parole.

VŒUX

Laurenz : Ne pas rater ma vie.

Louis : Deux choses que les enfants devraient recevoir de leurs parents : « des racines et des ailes ».

PARENTS

« C'est problématique, surtout que le couvre-feu à 10 heures du soir ne marche pas terrible ! » Laurenz (17)

PAROLES D'ADOS

ENFANTS

GRÈCE

Mon père ne nous gronde jamais, il nous passe tous nos caprices. J'aime travailler aux champs avec lui et j'aide ma mère à la maison : je repasse et étends le linge.

Christos (13)

ALLEMAGNE

J'essaierai d'être moins conservateur que mes parents et laisserai plus d'espace de liberté à mes enfants. Mais tout peut encore changer.

Moritz (17)

DANEMARK

Ma sœur vit chez ma mère depuis l'année dernière, elle me manque beaucoup.

Phillip (14)

PORTUGAL

Ma mère est parfaite. Elle est ma référence mais je ne suis pas comme elle, donc je serai certainement une mère différente. J'adore sa force de vie et son sourire.

Carolina (17)

SLOVAQUIE

Je joue au golf avec mon père et je l'ai déjà battu deux fois. Mais ne lui dites pas que je l'ai raconté, il est un peu vexé à cause de cela.

Martin (16)

FRANCE

Avec ma mère je partage tout, même les vêtements, on se balade presque comme des copines.

Laëtitia (18)

ITALIE

Ma mère a un assez mauvais caractère et se fâche trop facilement pour des petites choses. Mon père est tout le temps à la maison et trop sur notre dos !

Bernardo (15)

PORTUGAL

Ma mère ne jette jamais l'éponge, elle va jusqu'au bout pour nous aider. Elle est très juste, ce n'est pas une mère poule ni quelqu'un de trop libéral. Je pense que c'est bien de créer des limites et en même temps de respecter la liberté de ses enfants.

Ze-Maria (14)

GRÈCE

Depuis que je suis tout petit, je rêve de partir de chez mes parents et d'avoir une maison à moi tout seul.

Christos (18)

FRANCE

Mon père est un fêtard, il aime danser et rigoler, comme moi. On s'amuse bien ensemble !

Florian (16)

PORTUGAL

On a des conversations, mais à leur âge ils ne parlent pas beaucoup. Ils trouvent que je veux savoir trop de choses sur eux.

Joao

FINLANDE

C'est moins une difficulté qu'un défi mais les choses sont moins évidentes que dans notre jeunesse. Par contre, nous avons plus d'opportunités de faire des choses ensemble : le surf, la plongée...

Martti

HONGRIE

Elle a une « grande gueule », elle ne suit pas toujours mes instructions, mais c'est une preuve de créativité, c'est plutôt bien.

Lajosné

SLOVAQUIE

Mon fils a 16 ans, nous pensions que l'année prochaine il partirait en vacances avec ses copains, mais il a demandé où on irait, alors il y a encore une chance qu'il vienne avec nous, c'est une bonne nouvelle.

Martin

PORTUGAL

Les grands-parents sont très importants dans une famille d'ados, pour les valeurs et l'histoire qu'ils représentent.

Rita

SLOVAQUIE

Quand j'ai divorcé, je n'ai demandé qu'une chose, la garde de mes enfants. Ma fille est la plus belle du monde.

Dana

UKRAINE

Depuis que mon fils est parti pour ses études, je l'appelle 2 à 3 fois par jour, il me manque énormément. J'aime discuter avec lui ici dans la cuisine après un bon repas.

Halyna

PORTUGAL

J'aimerais qu'il fasse des études et j'exige qu'il ait de bonnes notes en maths, les autres sujets ont moins d'importance.

Vera

HONGRIE

J'aurais bien aimé avoir 5 enfants de plus, mais mon temps est révolu...

Zsuzsanna

PAROLES DE PARENTS

Elisabeth & Thomas

dans leur maison entièrement éclairée à la bougie.
Elisabeth est productrice de concerts de musique baroque, notamment pour les enfants.
Thomas a une école de conduite et est un vrai fan d'Irlande : il joue de la musique folklorique irlandaise, a deux chiens irlandais et des « jumelles irlandaises » (en Irlande, on est jumeaux quand on naît à moins de dix-huit mois d'intervalle).

Miranda (19) et Felica (20).

Miranda suit des cours de chant et aime dénicher des vêtements vintage. Felica prend des cours de stylisme à l'université de Stockholm. Elle s'intéresse à la photographie, aux animaux, et écrit des nouvelles.

2020
Miranda (19) : Je serai chanteuse d'opéra à New York.
Felica (20) : J'espère avoir publié une nouvelle, ou être photographe et réalisatrice, ou encore travailler comme biologiste. J'aurai probablement 3 enfants. Je les adore !
Thomas : Je ferai quelque chose de mes mains, peut-être des meubles.
Elisabeth : Retraitée ? Qu'est-ce qu'on fait quand on est retraitée ? On joue au golf et on promène son chien ? Pas question ! Je continuerai ma vie comme elle est, c'est parfait.

ÉCOLOGIE
Felica : J'y suis la plus sensible : ma classe est partie en avion en Suisse et en Espagne, j'étais la seule avec deux autres à prendre le train. C'était pourtant plus long, plus cher, mais moins polluant.
Miranda : Nous achetons des vêtements d'occasion et sommes végétariennes.
Thomas : J'enseigne la conduite écologique pour économiser l'essence et l'argent.
Elisabeth : Au lieu d'acheter des meubles chez Ikea, nous allons aux Puces ou les fabriquons nous-mêmes.

UE
Miranda : Je ne fais pas confiance à l'Union européenne, elle est trop grande. Nous voulons garder notre couronne suédoise.
Felica : Je me sens européenne mais je n'aime pas l'Union européenne.
Thomas et Elisabeth : Nous avons voté contre.

PARENTS
Felica : Quand je veux faire la cuisine, ma mère s'en mêle, elle a du mal à lâcher son territoire, elle veut tout surveiller.
Miranda : Ma mère est généreuse et pleine de vie. Elle adore créer des liens entre les gens. Mon père est plus calme, absorbé par sa musique. Une fois par semaine nous sortons ensemble voir une expo, un concert... c'est un moment précieux pour nous.

ENFANTS
Elisabeth : Nous avons tous un tempérament explosif, nous crions, les portes claquent, et nous devons assurer les voisins que nous ne sommes pas en train de nous entretuer ! Les filles sont rousses, c'est comme ça quand on est roux !

VŒUX
Thomas : Que le système de l'assurance maladie s'améliore.

« Mon vœu : chanter un opéra de Mozart au Metropolitan à New York. »
Miranda (19)

Philippe, dans son univers de rockeur.

Philippe, gérant d'une petite entreprise de chaudronnerie familiale, est grand collectionneur de disques de rockabilly, country et variété américaine. Avec ses garçons il a quelques divergences de goût sur la musique et la nourriture.

Antoine (11) et Louis (13) dans la chambre d'Antoine.

Les deux garçons vivent en garde alternée. « Chez mon père, on mange des trucs bizarres : l'autre jour, il a voulu nous faire avaler des bambous et du quinoa… Et ça serait bien qu'il vende sa collection de disques pour qu'on puisse acheter une maison et un chien. » **(Louis)**

Claudio & Lucia

inspirés par le tableau des grands-parents.
Claudio et Lucia sont restaurateurs. Il fait la cuisine et elle s'occupe de l'administration. Leur hobby commun : la chasse et promener leur chien.
Lucia fait aussi de la céramique dans son atelier.

Silvia (16) et Giovana (10).

Silvia habite dans un petit village de l'Ombrie.
Elle fait de la gym et du théâtre.

2020 **Silvia (16) :** J'espère être comédienne et vivre à Berlin.
Lucia : Être encore avec mon mari !
Claudio : On aura toujours le restaurant.

UE **Silvia :** Je me sens différente des autres Italiens, je me sens plus européenne.
Lucia : Chaque nation a ses propres problèmes. Il faut adapter les lois européennes à chaque pays.
Claudio : À mon avis, l'UE a trop de membres et n'a pas pris le temps de préparer l'entrée des nouveaux pays.

ÉCOLOGIE **Lucia :** Tous les hommes politiques du monde doivent travailler ensemble pour trouver des solutions. C'est de notre futur qu'il s'agit. On doit faire entendre notre voix au niveau local.
Claudio : Nous faisons partie d'une ONG qui combat la pollution produite par les usines.

PARENTS **Silvia :** Je les aime, bien sûr, mais je n'ai pas beaucoup de liberté. J'aimerais m'échapper de la maison et du village... mais je suis encore trop jeune.

ENFANTS **Lucia :** Actuellement Silvia veut faire tout, tout de suite, travailler, sortir avec ses amis... Mon rôle est de canaliser ses envies et lui montrer qu'il y a un temps pour chaque chose. Nous ne sommes pas stricts mais il faut savoir dire non à l'occasion.
Claudio : Les médias, en particulier la télé, font croire que tout est facile et immédiat. Cela ne correspond pas à la réalité. C'est ce que nous expliquons à nos filles... avec plus ou moins de succès !

VŒUX **Silvia :** Étudier, voyager et devenir comédienne.
Claudio : Vivre tous les jours à côté de ma femme.
Lucia : Et vice versa.

« Je déteste les gens qui prennent leur voiture pour aller au marché au lieu de marcher trois minutes. » Silvia (16)

ESPAGNE – Murcia

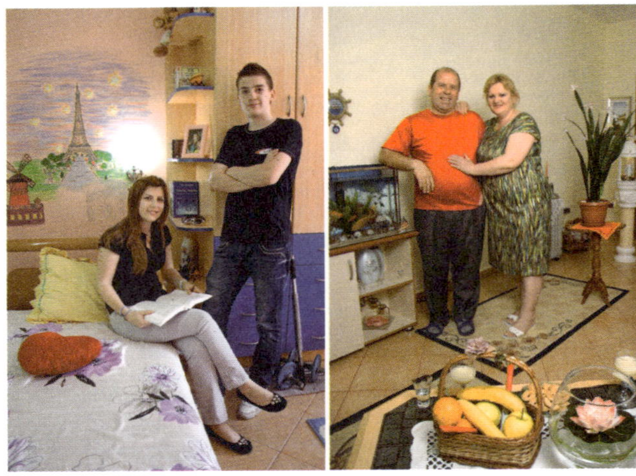

ALBANIE – Tirana

FRANCE – Paris

ALLEMAGNE – Kürten

ITALIE – Florence

FINLANDE – Kirkkonummi

BELGIQUE – Waterloo

FRANCE – Villeneuve-sur-Lot

FRANCE – Pujols

RUSSIE – Moscou

FRANCE – Lagny-sur-Marne

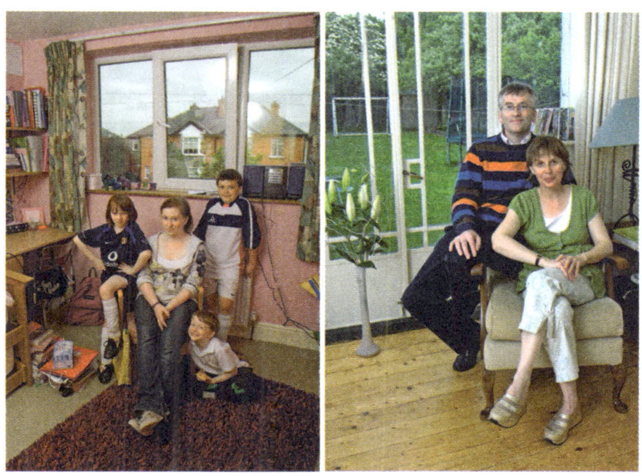

IRLANDE – Dublin

« Ton look fait de toi quelqu'un d'autre et c'est le but. »

Sotiris & Dora.

Sotiris a hérité de l'usine de son père, qui produit des vêtements pour enfants. Il joue au basket-ball dans un club. Dora est ingénieure électricienne. Elle fait des audits sur les installations électriques dans les bâtiments anciens pour le compte du gouvernement.

Agelos (14) et Aristidis (17)

avec leurs 24 Porsche !

Aristidis est au lycée américain. Il est fan de foot mais en ce moment il se consacre à ses études. Agelos est collégien et joue au basket comme son père. Il prend des cours particuliers d'anglais pour réussir l'entrée au lycée l'année prochaine.

2020 **Aristidis (17) :** Je serai chirurgien. La Grèce n'est pas un endroit idéal pour travailler, mais aller à l'étranger, c'est prendre beaucoup de risques. Je pense que je resterai ici.

Agelos (14) : Je me vois ingénieur, comme ma mère.

Dora : Malheureusement, les enfants seront partis. J'ai un peu peur de me retrouver seule.

UE **Agelos :** En ce moment, tout le monde parle de la crise, mais je ne crois pas que ce soit la vérité. Ce n'est pas possible que tous les pays aillent mal en même temps ! C'est une ruse de certaines entreprises pour gagner encore plus d'argent.

Aristidis : Je pense que mon frère a dit l'essentiel ! Il se pourrait que la Grèce ne fasse plus partie de l'Union, mais il faut se concentrer sur notre pays et pas sur ce que les autres voudraient en faire.

Sotiris : Il faudrait créer une Europe politique, pas seulement économique, avec un président européen proche de chaque pays.

ÉCOLOGIE **Aristidis :** Le développement durable devrait être l'objectif de toutes les entreprises, grandes ou petites.

Agelos : Notre énergie dépend uniquement du pétrole. C'est risqué parce que ce n'est pas durable. Par contre, les énergies alternatives sont renouvelables.

Dora : Les enfants sont sensibles au gaspillage de l'eau. Je suis dans une association pour la prévention d'incendies de la « Grande Forêt », la seule qui existe encore à Thessalonique. Nous y organisons des promenades pour faire découvrir aux familles la diversité des plantes et animaux.

PARENTS **Aristidis :** Nos parents ont travaillé très dur pour nous offrir ce style de vie. Je les remercie pour tout l'amour qu'ils nous donnent et leur disponibilité.

Agelos : Être parent ne doit pas être si facile, il y a une grande responsabilité. Mes parents ont très bien réussi mais ne sont pas mes amis, les amis doivent avoir le même âge que moi.

VŒUX **Aristidis** : Devenir médecin.

Agelos : Que les gens vivent pour leur travail au lieu de travailler pour vivre.

«La crise est certainement un problème en Grèce mais pas au point que nous ne puissions plus jamais trouver de travail et avoir une belle vie.» Aristidis (17)

Joanna (12) et Samantha (17), « ados à cheval »...

Joanna et Samantha sont d'excellentes cavalières. Samantha participe aux compétitions de dressage depuis l'âge de 12 ans.

Diane & Charles avec une poule sauvée d'un élevage industriel en faillite.

Charles travaille dans l'industrie automobile. Diane, ancienne championne, s'occupe d'une écurie et entraîne ses filles au dressage.

2020 **Samantha (17) :** Je continuerai la compétition et serai monitrice d'équitation.

ÉCOLOGIE **Joanna (12) :** Nous avons des poules, elles mangent tous nos restes : c'est le meilleur des composts !

Charles : Mon travail consiste à concevoir des moteurs Diesel les plus écologiques possible.

PARENTS **Samantha :** Ma mère m'a tout appris sur les chevaux...

Joanna : Mon père est très rigolo, même s'il raconte des blagues que personne ne comprend. Lui, ça le fait rire, moi, ça m'embarrasse !

ENFANTS **Diane :** Comme on habite à la campagne, elles s'occupent des poneys, ne sortent pas le soir. Elles ont une enfance de rêve, elles ne grandissent pas aussi vite que les autres enfants. Le fait que je sois leur coach influence nos relations, qui tiennent plus de l'esprit d'équipe que du rapport mère/filles.

Charles : Elles sont dans un environnement agréable, avec des animaux, c'est la meilleure école de la vie.

VŒUX **Samantha :** J'aimerais faire des compétitions au plus haut niveau et gagner le Grand Prix !

Joanna : Écrire des « fictions rurales » pour les ados, pour qu'ils puissent se faire une autre image de la campagne.

Jean & Sidonie, originaires du Congo.

Jean est linguiste et professeur de littérature africaine à l'université. Il est aussi vice-président d'une ONG qui aide les jeunes Africains, et participe à la rédaction de dictionnaires. Sidonie travaille occasionnellement pour un traiteur.

Ntumba (26), Ndaaya (22), Lelààyje (21) et Kambala (17).

Ndaaya fait des études d'institutrice, Lelààyje étudie le droit à l'Université libre de Bruxelles, Kambala est étudiant en économie et Ntumba suit des cours du soir de publicité.

2020 **Kambala (17) :** Je ne sais pas ce que je ferai comme métier, du moment que ça rapporte…

Ndaaya (22) : Je serai institutrice. J'aurai sûrement des enfants. Je suppose que je serai une bonne mère mais différente de la mienne.

Lelààyje (21) : Je serai avocate ou juge d'instruction, et sans doute j'aurai des enfants.

UE **Lelààyje :** Avec mon diplôme je ne pourrai pas travailler n'importe où : le droit, c'est différent dans chaque pays. Il faut encore du temps pour que le droit européen se mette en place…

ÉCOLOGIE **Jean :** C'est un problème fondamental et réjouissons-nous qu'en Europe on se sente davantage concerné par les problèmes de pollution et de surconsommation. Il faut penser à ceux qui viennent après nous. C'est un mouvement qui doit être planétaire et notre rôle est d'avertir toutes les populations.

ENFANTS **Sidonie :** Avec les filles c'est bien passé, ça coince un peu avec le garçon. Si j'avais eu un garçon en premier, je n'aurais pas eu 4 enfants !

Jean : L'Europe gagnerait à s'inspirer des systèmes d'éducation venus d'ailleurs… En Afrique, la culture est telle que les parents ne sont pas les seuls à éduquer leurs enfants. Il y a toute une constellation de personnes qui s'occupent de leur éducation. En bref : « Élever un enfant, c'est le travail de tout un village. »

Oxana & Vasyl.

Oxana est dessinatrice industrielle. Son plaisir, c'est la décoration : « Ma maison est mon royaume ! » dit-elle. Vasyl dessine et construit des pompes à gaz. Il a un magasin où il vend les matériaux de construction. Ses hobbies : le motocross et le ski. Toute la famille fait des compétitions de slalom !

Oxana (22) et Dima (14).

Dima fait du motocross depuis l'âge de 7 ans. Il est triple champion d'Ukraine. Oxana fait des études de pharmacie.

2020 **Dima (14) :** J'aimerais aller à l'étranger pour apprendre l'anglais.
Oxana : Nous aurons construit la maison de nos rêves.
Vasyl : Je rêve de voyager et voir le monde entier.

UE **Dima :** Nous sommes pour l'Union européenne qui nous permettra de voyager... Ça nous évitera de faire de longues queues à la frontière.
Vasyl : Nous espérons qu'un jour nous ferons partie de l'Union européenne !

ÉCOLOGIE **Oxana (22) :** Les gens sont capables de jeter leurs déchets dans l'étang. Un premier pas serait d'installer des poubelles un peu partout.
Vasyl : Les problèmes d'énergie ou de gaz deviennent essentiels pour nous, il faut absolument trouver des solutions alternatives pour devenir indépendants. Nous habitons sur une petite colline avec pas mal de vent : pourquoi ne pas installer des éoliennes ? Malheureusement c'est trop cher.
Oxana : Nous devrons entretenir davantage nos forêts et par la même occasion récupérer du bois de chauffage.

PARENTS **Oxana :** Mes parents sont autant des parents que des amis. Je serai comme eux plus tard.
Dima : Dans des situations difficiles où j'ai besoin d'eux, ils sont là.

ENFANTS **Oxana :** Mon fils est très sociable et s'intéresse à tout, j'adore passer du temps avec lui. Ma plus grande inquiétude vient des compétitions de motocross – c'est trop dangereux.
Vasyl : Je suis amateur de cross et j'ai initié mon fils à 7 ans avec une 50cc. Il a appris sur un petit circuit que nous avons aménagé dans notre jardin. Je suis fier de sa réussite sportive.

VŒUX **Dima :** Visiter Venise.
Oxana : Partir en Égypte ou en Turquie.
Oxana : Me retrouver dans un endroit où il fait chaud, je déteste l'hiver et le froid en Ukraine.
Vasyl : Voyager, n'importe où...

«Ailleurs les gens utilisent les poubelles, ici on les voit jeter leurs déchets par la fenêtre de la voiture. Les bords des routes sont sales. Ailleurs les gens reçoivent une amende, ici il ne se passe rien.» Dima (14)

À L'**ÉCOLE**, CHAQUE **ÉLÈVE** DOIT **RAMENER** UN MAXIMUM DE **PAPIERS** (**JOURNAUX**, LIVRES, ETC.). LA **CLASSE VICTORIEUSE** GAGNE UNE VISITE À **AQUAPARC.**

Ralfs (13), LETTONIE

Roberts (14) Ralfs (13) / Maris & Ilse / LETTONIE – Riga

Alexander & Mariette / Wisse (14) Merijn (12) Jules (17) / PAYS-EAS – Leiden

Florent & Helmie et Anjali (4).

Helmie, originaire du Congo, est chanteuse, auteur et compositrice. Elle vient de sortir son premier album. Son compagnon Florent est ingénieur et consultant dans l'organisation du management.

Noumia (13)

dans sa « salle de rédaction ».

Noumia est collégienne, elle fait du luth au conservatoire. Passionnée de mode, elle a créé un blog qu'elle alimente de textes et photos prises pendant les défilés. Noumia a aussi joué un rôle dans la comédie musicale *Le Roi Lion.*

2020 **Noumia (13) :** Je vivrai et travaillerai à Paris en tant que journaliste, dans la pub ou à la radio.

Helmie : J'aurai une autre ado à charge.

Florent : Je pense qu'on bougera, qu'on habitera ailleurs. J'aimerais monter une entreprise de surgelés ou de radars pour personnes aveugles, un projet qui me tient à cœur.

ÉCOLOGIE **Noumia :** Quand on sera adultes, il n'y aura peut-être plus de pétrole. Je pense qu'il faut économiser nos ressources au maximum et chercher dès maintenant d'autres solutions pour avoir une terre plus propre.

Helmie : À mon retour du Congo, j'ai pris conscience de tous les emballages superflus qu'on a ici. En Afrique chacun prend son panier.

UE **Noumia :** Je me sens du monde entier, je m'adapte partout.

Helmie : Grâce à la musique, j'ai rencontré des Lettons, Espagnols, Anglais, Norvégiens, et j'ai ressenti les liens que tous ces gens avaient envie de créer. L'UE, c'est un peu « l'auberge espagnole » : chacun vient avec ses coutumes et on essaie de trouver un terrain d'entente.

Florent : Peut-être qu'effectivement, dans cinquante ans, l'Europe sera un seul pays avec plusieurs langues, plusieurs histoires puis finalement un seul gouvernement… Il se construit quelque chose qui nous concerne de loin.

PARENTS **Noumia :** Mes parents sont divorcés, j'ai l'habitude de faire des allers-retours entre ma mère et mon père.

ENFANTS **Florent :** Noumia commence à avoir ses propres goûts : en ce moment, elle passe des journées entières avec un masque. Elle est un peu dans son monde.

VŒUX **Noumia :** Plus de famine dans le monde. Il ne faut pas des milliards, juste de l'aide.

Helmie : D'un coup de baguette, voir ce qui se passe ailleurs !

Florent : Arrêter le temps, de temps en temps, pour avoir du temps tous les quatre !

« Quand je serai grande, j'aurai ma carte de Greenpeace.
Je les soutiendrai financièrement et serai prête à aller sur le terrain avec eux ! »
Noumia (13)

Maria.

Halloween n'est pas loin, même en Russie...
Maria est ingénieur chimiste mais travaille dans l'administration municipale où elle est en charge des événements culturels. Son hobby : le ballet, qu'elle pratique régulièrement.

Alexjei (22) et Anna (20).

Alexjei finit son diplôme de télématique à l'université de l'industrie automobile. Son hobby : l'athlétisme. Anna fait des études d'économie à la même université. Hobbies : danse et aérobic.

2020 **Alexjei (22) :** Je voudrais devenir professeur à l'université de Moscou, avoir une famille et 3 enfants.
Anna (20) : J'espère être indépendante financièrement et avoir mon appartement. J'aimerais avoir un travail créatif, comme la photographie.
Maria : J'aimerais être plusieurs fois grand-mère !

ÉCOLOGIE **Anna :** On devrait avoir des panneaux solaires comme en Allemagne au lieu de polluer l'air avec du charbon ou du fuel. Je compte sur mon frère pour trouver des solutions en tant que chercheur.
Alexjei : Un de mes rêves serait de trouver une solution pour la régulation des feux rouges. La circulation serait plus fluide, il y aurait moins de bouchons, donc moins de pollution.
Maria : Dans notre quartier, nous avons un programme concernant l'environnement et cela fait partie de mes responsabilités. J'ai même reçu un diplôme de la ville pour l'initiative « Améliorez votre habitat ».

UE **Maria :** C'est une chose formidable, la Russie devrait en faire partie, il n'y a pas d'autres alternatives !

PARENTS **Alexjei :** Ma mère a une très forte personnalité. Mon père (décédé il y a deux ans) était très nerveux, moi je serai plus calme avec mes enfants.

VŒUX **Alexjei :** Voyager dans l'espace, mais confortablement, comme dans un paquebot !
Maria : Plus de gaieté dans la vie !

«Commercialement, nous sommes des concurrents
mais pas des ennemis de l'Union européenne. La Russie n'entrera jamais
dans l'Union...» Anna (20)

MALTE, VALLETTA
Les 1 001 balcons de Market Street.

Enrico (16).

Enrico est lycéen et joue de la guitare (du punk, un peu de blues et du rap « underground »).

Stefano & Gabriella dans l'appartement de Stefano.
Tous les deux sont journalistes à Rome. Gabriella travaille pour l'ancien journal du Parti communiste (rubrique spectacle et cinéma). Ils sont divorcés et ont la garde alternée d'Enrico. Gabriella se passionne pour la littérature, la peinture, le cinéma évidemment, et les voyages.

Enrico (16) Stefano & Gabriella

« J'aime bien l'Allemagne parce que c'est un pays écologique ! » Enrico (16)

2020 **Enrico (16) :** Je serai biologiste marin... ou metteur en scène.

ÉCOLOGIE **Enrico :** À l'école, nous avons tourné une petite vidéo sur la protection de l'environnement, et la plupart des interviewés n'ont pas la moindre idée des problèmes.

Gabriella : Avec notre maire ex-fasciste et Berlusconi, nous frôlons la catastrophe. Chez nous, les politiciens ne sont pas au service des gens, mais de leurs intérêts personnels. Il me faut une heure et demie pour aller à mon travail. Je prends la voiture parce qu'il n'y a pas de transports publics. Nous avons des embouteillages permanents.

Stefano : Problème dramatique. Ne pensons pas uniquement aux usines qui polluent mais trouvons des solutions !

UE **Stefano :** Aujourd'hui, c'est une affaire de banques mais ça deviendra un espace démocratique.

PARENTS **Enrico :** Mon père est la meilleure personne que je connaisse. Nous partageons la même passion : l'informatique... Le problème, c'est mon scooter : mes parents me l'ont offert mais ne me laissent pas rouler le soir pour aller voir mes amis. Je ne peux l'utiliser que pour aller à l'école !

ENFANTS **Gabriella :** Il n'y a plus la complicité d'avant, on se parle moins. La règle : ne pas fumer de pétards. Ce n'est pas vraiment respecté, mais tant qu'il ne le fait pas à la maison...

VŒUX **Enrico :** Je voudrais qu'il y ait moins de décalage entre les riches et les pauvres. Les riches sont trop puissants.

Gabriella : Quitter mon travail et écrire.

Stefano : L'Italie sans Berlusconi.

Iryna & Voldymyr avec, au mur, des vues de Lviv.

Voldymyr est ingénieur de formation et travaille comme directeur adjoint au Théâtre national. Iryna enseigne la comptabilité à l'université.

Oleg (19) avec quelques-uns de ses trophées...

Oleg est étudiant en économie à l'Université polytechnique de Lviv. Il est déjà champion national de karaté.

UE **Oleg (19) :** Notre situation économique n'est pas comparable à celle des pays de l'Union. Il nous faudra au moins dix ans pour arriver au même niveau.

ÉCOLOGIE **Oleg :** C'est pareil qu'en économie, nous avons un sacré retard !

Voldymyr : J'utilise uniquement des produits organiques pour notre jardin, mais le plus important, c'est d'éduquer et informer nos enfants. Au théâtre, nous réutilisons les décors et costumes autant qu'on peut.

Iryna : Une usine de recyclage est en projet à Lviv pour 2012. Et nous avons investi dans des lampes basse consommation.

PARENTS **Oleg :** Mon père a une grande force de caractère. En Ukraine, nous avons beaucoup de corruption, mais lui a toujours été honnête.

ENFANTS **Voldymyr :** Oleg n'a aucun secret pour nous.

Iryna : C'est un « leader » entouré d'amis.

VŒUX **Oleg :** Participer au Mondial de karaté après avoir gagné le championnat d'Europe !

Iryna : Visiter l'Europe, aller à Prague et Budapest.

Voldymyr : Changer le système politique en Ukraine.

Jakub (17) attablé au « Artcafe ».
Jakub est lycéen et barman dans le café le plus branché de la ville. Depuis que son père est décédé (c'était un grand joueur de foot dans l'équipe du Bayern de Munich), Jakub vit seul avec sa mère.

Ladislava.
Ladislava est styliste et tient la plus jolie boutique de Banska Stiavnica. Inspirée par la mode italienne et française, elle crée ses propres modèles.

2020 **Jakub (17) :** Après le bac, j'irai dans une école militaire, ensuite je verrai.

UE **Jakub :** En ce moment, nous aidons tous la Grèce et chaque pays de l'Union commence à ressentir des difficultés économiques. Avant l'euro, la vie était moins chère et le travail plus facile à trouver.
Ladislava : Depuis qu'on a l'euro, la vie est plus dure surtout pour une femme seule avec un ado.

ÉCOLOGIE **Jakub :** Une personne seule ne peut rien changer, il faudrait agir en groupe. L'UE pourrait aider à changer les mentalités et les comportements.
Ladislava : Depuis un an, nous avons des poubelles de recyclage en ville, c'est bien, mais ce n'est pas assez.

PARENTS **Jakub :** Ma mère est la personne la plus importante dans ma vie. Elle a très bon goût !

ENFANTS **Ladislava :** Jakub est un garçon facile et responsable, il travaille dur et m'aide autant qu'il peut. Son seul défaut : il ne décroche pas son téléphone quand je l'appelle.

VŒUX **Jakub :** Avoir une vie parfaite : de l'argent, un bon travail, une femme magnifique, une famille sympa et une belle voiture. Rien que ça... !

Lennie & Marita

dans la cuisine design, leur endroit préféré.
Marita, à l'origine créatrice de robes de mariée, travaille maintenant avec son mari qui dirige une société de gestion comptable et a créé un Apple Store.

Anna (17) et Ellen (13)

dans « leur salon particulier ».
Anna a commencé à s'habiller ainsi à l'âge de 10 ans, inspirée par la musique. Quant à Ellen, son choix de vêtements est basé sur la couleur. En ce moment elle préfère le jaune. Son chapeau vient du Japon, elle l'a trouvé sur Internet.

2020 **Anna (17) :** Je ferai un métier créatif, peut-être illustratrice. Je peux aussi m'imaginer mère avec pas trop d'enfants.
Ellen (13) : Publier un livre avec mes dessins mangas.

ÉCOLOGIE **Anna et Ellen :** On va en bus à l'école, c'est tout.
Lennie : Dans notre village, il y a un lieu de recyclage et de séparation des déchets mais l'endroit est loin dans les bois et plutôt sale. Ici, à Mölle, les poubelles sont collectées seulement toutes les 2 semaines, alors en été il y a des gros problèmes d'odeur et de mouches.

UE **Lennie :** L'UE simplifie les choses, mais il y a trop de règles et c'est très cher de faire marcher la machine bureaucratique.

PARENTS **Ellen :** Parfois ils ne me comprennent pas, mais pas du tout. Je suis incapable d'expliquer à mes parents pourquoi je m'habille ainsi !
Anna : Il n'y a plus de problème. Avant ce n'était pas toujours facile. Maintenant ils sont attentifs mais ne me demandent plus ce que je veux faire et où je vais.

ENFANTS **Lennie :** C'est génial de les voir grandir et devenir créatives et autonomes.
Marita : Nous essayons toujours de dîner ensemble, c'est une parfaite occasion de discuter.

VŒUX **Lennie :** Passer l'hiver en Espagne.

« Certains vont penser qu'on ne peut pas avoir un look pareil, mais on me remarque et on me fait beaucoup de compliments. » Anna (17)

PAROLES D'ADOS — UNION EUROPÉENNE

POLOGNE
L'UE, c'est une des meilleures choses qui soient arrivées au continent européen. On a sans doute besoin d'aménager les lois, mais c'est la bonne alternative pour gouverner.
Bartosz (13)

ITALIE
Nous avons beaucoup de problèmes avec nos politiciens, je rêve que l'Italie devienne comme l'Allemagne, c'est un pays merveilleux !
Carlo (15)

ITALIE
J'aime l'UE mais je pense que l'Italie n'est pas un bon membre. Nous sommes toujours les derniers à appliquer les lois ou à s'engager pour l'écologie… Il se pourrait que l'Italie quitte l'UE à cause des politiciens qui s'intéressent uniquement à l'argent et aux femmes.
Vera (20)

UKRAINE
J'aimerais beaucoup que l'Ukraine devienne membre. Il y a plus d'opportunités en Europe de trouver un travail.
Serhiy (17)

PORTUGAL
Pour devenir plus européen, je propose de visiter un maximum de pays, mais il faut que les prix des voyages en Europe baissent, pour le moment ils sont plus élevés qu'un voyage aux USA ou au Brésil.
Maria (15)

ALLEMAGNE
J'ai du mal à voir l'identité propre à l'Europe. Par exemple, la question de la Turquie : doit-elle rejoindre l'Europe, ils ne sont pas chrétiens, est-ce que la religion est une frontière ?
Olivier (16)

FRANCE
Je suis un peu nostalgique : j'adorais collectionner la monnaie des différents pays…
Célia (24)

UKRAINE
Si l'Ukraine fait partie de l'UE, plus de touristes viendront voir notre beau pays. Je pense vraiment que notre pays est intéressant pour les Européens.
Oksana (16)

ITALIE
L'Italie est le pays le plus endetté d'Europe, et le troisième dans le monde. J'ai bien peur que pour trouver du travail on soit obligé d'aller à l'étranger.
Bernardo (15)

AUTRICHE

L'euro a ses avantages : les prix en euro ont l'air plus bas qu'en schillings, ce qui est d'un grand intérêt pour le commerce... Par contre, je suis opposée à l'UE : en Autriche nous avons tout et on n'a pas besoin de l'UE !

Elisabeth

CROATIE

Je me demande comment les gens vont réagir quand il faudra adapter les règles de l'Union. Ici chaque famille a des poules, un mouton, une chèvre ou un porc pour sa consommation personnelle. Je crains que cela soit interdit pour des raisons d'hygiène ou de traçabilité. Les jeunes vont pouvoir s adapter mais les vieux auront plus de mal.

Mladen

PORTUGAL

L'Europe est un continent avec une grande histoire. Mais je ne sais pas quoi penser de l'UE : j'ai peur que le Portugal se fasse manger par les « grands ».

Luisa

FRANCE

Cela me choque que mon gouvernement ne puisse pas prendre de décisions sans en référer au Commissariat européen... Il vaut mieux voter directement pour un gouvernement européen au lieu d'entretenir des structures lourdes et chères dans tous les États membres.

Philippe

ITALIE

L'UE est nécessaire mais elle n'est pas assez courageuse pour intervenir. Regardez nos dettes ! On voit qu'il n'y a pas une réelle politique européenne, et il en faudrait une pour s'en sortir !

Giulietta

AUTRICHE

Il n'y aura plus jamais de guerre en Europe... mais si on perd le droit d'avoir des nids d'hirondelles dans les étables, c'est idiot ! Le proverbe dit : « Si tu as des hirondelles dans ton étable, tout va bien ! »

Bernhard

HONGRIE

Il y a peut-être des avantages, mais surtout des inconvénients : la mondialisation va trop vite, l'identité des pays et des hommes se perd.

Zsuzsanna

PAROLES DE PARENTS

Edi & Jerica

sur leur terrasse où ils passent les soirées d'été : « Je sors ma femme tous les soirs ! » déclare Edi pour épater ses collègues.
Jerica est aide-soignante dans un centre de vaccination. Elle fait du sport et de la peinture. Edi a travaillé dans la banque depuis ses 16 ans. Aujourd'hui indépendant, il forme managers et chefs d'entreprise.

Nina (16) et Gal (18).

Nina nous donne un aperçu de ses talents !
Nina danse deux heures par jour et participe à de nombreuses compétitions de hip-hop. Son école a même gagné le championnat d'Europe de danse moderne cette année. Gal termine ses études, joue intensivement au foot et s'entraîne 5 fois par semaine. C'est un fan des Beatles et il répète avec son groupe dans un garage.

2020 **Edi :** Je m'occuperai de mes petits-enfants.

UE **Gal (18) :** Tout était beaucoup moins cher avant.
Nina (16) : L'espoir était énorme au début mais maintenant il y a une certaine déception.
Edi : Je me sentais déjà européen avant l'Union. Notre histoire et notre culture ont toujours été européennes. Mais auparavant il était facile de trouver du travail en sortant de l'école ou de l'université. Ce n'est plus le cas aujourd'hui.

ÉCOLOGIE **Gal :** Je crois que c'est de la propagande pour nous inciter à acheter de nouveaux produits. Le pire qui pourrait nous arriver, c'est un tremblement de terre...
Nina : Tout le monde à bicyclette !
Jerica : Quand je lave des légumes pour la cuisine, je récupère l'eau pour arroser les fleurs du jardin.

PARENTS **Gal :** Mon père est mon idole. Il a réussi sa vie.
Nina : Je donnerai plus de paix à mes enfants et je les laisserai faire plus de choses.

ENFANTS **Edi :** Mon père ne faisait rien avec nous, ni sports, ni jeux. J'essaie de créer des liens d'amitié en accompagnant les enfants dans leurs occupations : sport, danse, école... Mais parfois, il faut savoir leur parler comme père et non pas comme ami.

VŒUX **Gal :** Vivre en Californie.
Nina : Devenir très intelligente et voyager dans l'espace.

«Je serai peut-être policière...
Je sais que c'est étrange mais j'aime l'idée!»
Nina (16)

Doro & Werner **entre chien de berger et mouton !**

Werner édite un magazine municipal. Doro, attachée de presse du Landtag (parlement régional), occupe les plus hautes fonctions d'une grande société carnavalesque de sa ville !

Laura (22)

Laura est étudiante en architecture à Dresde.

Luisa (17), Lydia (19) **dans leur cave insonorisée !**

Lydia fait un stage dans une agence de pub, elle a son propre groupe, crée des bandes dessinées et fait 40 photos par jour. Luisa est encore au lycée et passe son permis de conduire.

2020 **Lydia (19) :** Indépendante et couronnée de succès.
Luisa (17) : Je serai éducatrice spécialisée en langues.
Laura (22) : Je serai architecte, journaliste ou photographe et vivrai à l'étranger, peut-être au Canada.
Doro : Être grand-mère, passer du temps en France où nous avons une petite maison dans un minuscule village des Pyrénées, où la vie est sans stress.

ÉCOLOGIE **Lydia :** J'investirais bien dans une voiture électrique, dans la limite de mes moyens…
Laura : Il faut un temps de réflexion pour imaginer et tester les éléments durables dans la construction. Aujourd'hui on utilise de nouveaux matériaux qui se révéleront peut-être obsolètes dans dix ou quinze ans.
Doro : J'ai initié mes voisins français au tri sélectif et maintenant ils sont au point ! Le bon côté des énergies nocives – le pétrole, le gaz, le charbon et l'uranium –, c'est qu'elles seront épuisées un jour. Il nous faudra de toute façon leur trouver des remplaçants, alors pourquoi ne pas commencer à chercher dès maintenant ?
Werner : Je suis un grand amateur de poissons, mais je n'achète que des produits issus d'une pêche responsable… Aller chercher des petits pains le samedi matin en 4x4 devrait être interdit, ou bien il faudrait avoir une excuse extraordinaire !

UE **Doro :** Pour nos enfants, l'UE c'est génial, notamment le programme Erasmus pour étudier à l'étranger et lier des amitiés nouvelles.

PARENTS **Laura :** J'espère être aussi engagée que ma mère mais je ne travaillerai pas autant qu'elle quand j'aurai des enfants !

ENFANTS **Doro :** Je tiens au dîner quotidien en commun, cela permet de discuter et éventuellement d'arriver à un accord sur les points conflictuels.

VŒUX **Lydia :** Une voiture d'enfer.
Luisa : Réussir mon bac.
Werner : Conduire une petite voiture de sport comme avant : depuis que je connais Doro, nous avons un très encombrant break…

« Je serai une meilleure mère, on voit bien les erreurs que nos parents font, alors nous pouvons faire mieux... Ainsi, à chaque nouvelle génération, les enfants auront une meilleure éducation. » Lydia (19)

Slobodan & Ana ont choisi le salon « Barbecue » décoré par Slobodan.

Ana travaille à l'aéroport en tant qu'agent commercial. Slobodan est un homme aux multiples talents : il est musicien, compositeur, peintre et sculpteur... Il a le projet d'enregistrer un CD avec la jeune génération de musiciens de l'ex-Yougoslavie. Les thèmes : amour, poésie et paix.

Marko (16), Mia (15) et Nikola (11)
rêvent de déplacer leur maison de campagne en centre-ville.

Marko a abandonné la guitare pour les filles... et rêve de faire des études d'informatique aux États-Unis. Mia aimerait faire ses études à Belgrade pour devenir gynécologue. Et le vœu de Nikola : disputer un match de tennis avec Nadal.

Klara (5) et Bartosz (13) dans la « grange musicale » de leur père.

« Le discours sur le trou de la couche d'ozone est un peu trop alarmiste. L'homme a sa part de responsabilité dans la pollution mais je soupçonne les écologistes d'exagérer parce qu'il y a beaucoup d'intérêts financiers en jeu. » (Bartosz)

Klara, à la maternelle, apprend déjà l'anglais.

Wienczyslaw & Sylwia dans leur salon-musée.

Ils vivent entourés d'objets militaires, de peintures et de sculptures que la famille de Wienczyslaw a réunis depuis plus de 400 ans. Il a transformé sa grange en club multiculturel. C'est Sylwia qui s'occupe des concerts et expositions. « Bartosz a accès à la bibliothèque, aux œuvres d'art, il rencontre des gens de tous horizons... J'espère qu'il en profitera. » **(Wienczyslaw)**

Mare & Olavi avec Maria (2), sortant de leur sauna quotidien.
Mare travaille à la fondation Kihnu Culture qui protège l'héritage de la culture locale. En hiver, elle tisse la laine de leurs moutons pour confectionner les traditionnelles jupes aux couleurs vives. Olavi est marin sur un porte-conteneurs finlandais. Il revient à Kihnu tous les deux mois.

Anni (5), Martin (14) et Liis (11) dans leur toute petite chambre commune.
Martin sera charpentier. Il a déjà visité la Finlande, la Suède, l'Italie, l'Égypte, la Russie. Mais Kihnu reste le meilleur endroit au monde. Ses vœux : aller au sauna ce soir, jouer aux jeux vidéo et avoir enfin sa propre chambre à l'étage « demain » !

Reto (19), rocker sur fond de montagne !

Il est en stage dans une crèche et donne des cours de gymnastique.

Markus & Sonja.

Markus et Sonja sont vignerons. Markus aime la randonnée en montagne, la chasse, le ski. Sonja a une passion pour son chien, elle l'a parfaitement dressé : en été, elle lui fait chercher des gens perdus dans la forêt, et en hiver, il est chien d'avalanche.

2020 **Reto (19) :** J'aimerais travailler avec des enfants.
Sonja : J'espère que Reto aura repris le vignoble…

UE **Reto :** L'UE m'est totalement indifférente. La Suisse peut très bien vivre sans elle.
Sonja : Le niveau de vie de la Suisse est au-dessus de la moyenne ; si nous entrons dans l'UE, je crains que nous ayons à faire plus d'efforts financiers que les autres pays.
Markus : C'est une question de temps. Dans dix ou quinze ans, nous serons dans l'Union européenne, c'est sûr.

ÉCOLOGIE **Reto :** Nous devrions remercier et respecter davantage la nature. Ce n'est pas le cas actuellement. Si chacun faisait de petits gestes, ça serait déjà un pas en avant.
Sonja : Notre projet actuel, c'est d'être autonomes : cuisiner à l'énergie solaire et nous chauffer à l'aide de pompes à chaleur.

PARENTS **Reto :** Les parents sont les parents, mais les miens sont moins sévères que d'autres. Mon père ne comprend pas que j'ai parfois besoin d'être tout seul dans ma chambre. Il est toujours sur mon dos… Ma mère n'est jamais à l'heure. Ça m'énerve.

VŒUX **Markus :** De très longues vacances !

Joey & Linda avec une chaise sculptée évoquant la légende irlandaise du Saumon de la Connaissance.

Joey est sculpteur et musicien. Linda est artiste peintre. Le reste du temps, il donne des cours d'art en prison et elle travaille à mi-temps à la poste.

Fiachna (11) et Aran (17).

Fiachna est le fils de Linda et Aran le fils de Joey. Aran passe ses examens d'entrée à l'université. Fiachna ne jure quant à lui que par le football.

2020 **Aran (17) :** Je serai un guitariste célèbre.
Fiachna (11) : Je serai ailier droit dans un club professionnel.

UE **Aran :** J'aime l'idée de pouvoir m'installer dans les autres pays européens, un peu comme dans une seconde patrie.
Joey : Les Européens devraient sauvegarder leurs identités nationales. Nous, les Irlandais, sommes très attachés à notre culture et à nos traditions.

PARENTS **Aran :** Mon père est toujours là pour nous, nous partageons beaucoup de passions.
Fiachna : Personne n'est parfait, ils font ce qu'ils peuvent !

ENFANTS **Linda :** Ils sont formidables : amusants et marrants !
Joey : Notre maison est toute petite, donc chacun doit faire des compromis. Ce n'est pas toujours facile pour les garçons.

VŒUX **Aran :** Faire de belles rencontres, avoir une vie simple et suffisamment de « bagages » pour réussir.
Fiachna : Je rêve de jouer pour Liverpool, en Angleterre, et l'équipe nationale d'Irlande.
Linda : Me concentrer sur moi-même et me projeter dans la période post-ados !
Joey : Une deuxième maison beaucoup plus grande dans le sud de la France avec du vin, du soleil et des gens sympas.

Anne & John

elle dans le jardin, lui dans le potager.
Anne travaille comme assistante scolaire avec les enfants en difficulté. Elle fait des bijoux et s'est investie dans l'apiculture. John est à la retraite. Il joue de la flûte irlandaise, aime faire de la voile, s'occupe du potager et d'une pommeraie. Il prend des cours d'apiculture pour seconder sa femme.

Enda (19)

nous a joué une ballade irlandaise...
Enda est en train de passer son bac en musique et physique. Avec ses amis, il joue de la musique irlandaise dans les pubs ou pendant les fêtes, et en été ils participent à des festivals à travers l'Irlande.

2020 **Anne :** J'aimerais à nouveau danser avec John. Nous aimons la danse traditionnelle irlandaise, la danse de salon, la salsa, la samba...

ÉCOLOGIE **Enda (19) :** Nous recyclons tout, nous avons un compost, une voiture hybride et un potager bio.

John : J'ai travaillé au ministère de l'Environnement. Nous cultivons nos légumes et achetons uniquement ce dont nous avons besoin : pas de produits sous plastique. Nous avons des panneaux solaires. Dans cinq ans nous exploiterons notre pommeraie pour produire du jus de pomme.

Anne : En classe, j'explique aux enfants qu'on peut réparer les choses au lieu de les jeter : ils ne savent pas coudre un bouton ou réparer un T-shirt décousu. Je leur apprends aussi à planter les légumes et semer les graines.

UE **John :** Il y a une force et une grande valeur dans la communauté européenne. Avant, notre marché se limitait à l'Angleterre. Depuis, l'Irlande a gagné 500 millions de consommateurs grâce à l'UE !

PARENTS **Enda :** Avec mon père, je fais de la musique irlandaise, il m'apprend aussi la voile. Il a pris sa retraite et est souvent à la maison... un peu trop à mon goût ! Ma mère, adolescente, n'avait pas beaucoup de liberté, du coup, elle est très cool avec moi !

ENFANTS **Anne :** Enda est très timide, il ne parle pas beaucoup, le contraire de son frère aîné. J'adore discuter avec lui et l'entendre défendre ses propres opinions.

John : J'aime bien partir en week-end avec Enda, ça nous arrive encore de temps de temps. On ne se parle pas beaucoup, mais on se comprend, c'est un privilège pour moi.

VŒUX **Anne :** Je rêve d'une grève pétrolière pour que tout le monde aille à pied et devienne plus solidaire.

John : Vivre mieux et plus heureux avec ce qu'on a.

«Ma mère est trop bavarde et trop curieuse en ce qui concerne ma vie.»
Enda (19)

KOSOVO – Velezhë

PORTUGAL – Paco de Arcos

AUTRICHE – Obernberg

ESPAGNE – Barcelone

POLOGNE – Radzyn Podlaski

AUTRICHE – Peterskirchen

CROATIE – Zagreb

UKRAINE – Kolomyia

FRANCE – Montreuil

LETTONIE – Marupe

MACÉDOINE – Skopje

TURQUIE – Istanbul

« Pour les parents et adolescents vivant sous le même toit, la vie n'est pas toujours un long fleuve tranquille... »

IL FAUT
VRAIMENT QUE JE
TRAVAILLE
SÉRIEUSEMENT...
À PARTIR DE
DEMAIN...
ENFIN, DE LA
SEMAINE
PROCHAINE !

Pauline (19), FRANCE

Philippe / Ambre (9) Pauline (19) / FRANCE – Paris

Krenar / Dea (14) / ALBANIE – Tirana

Belinda & Tonio.

Belinda est née en Angleterre d'un père maltais. Elle vit depuis vingt-trois ans sur l'île. Tonio est infirmier-anesthésiste mais depuis l'ouverture du nouvel hôpital il a un poste dans l'administration. Pour s'amuser, il est occasionnellement DJ dans un bar.

Jamie (18) et Lisa (16).

Lisa est étudiante en chimie et biologie à l'université de Malte et joue du piano. Jamie fait les trois-huit dans une usine qui fabrique des puces électroniques.

2020 **Lisa (16) :** Je serai médecin dans le nouvel hôpital de Malte. Il y a probablement plus d'opportunités de trouver du travail ailleurs, mais j'ai envie de rester à Malte.

Jamie (18) : Je reprendrai des études pour devenir ingénieur du son.

Belinda : J'espère qu'il y aura plus de travail pour les jeunes, que l'île ne perdra pas son identité, ce qui fait son charme et la distingue des autres pays.

Tonio : Je serai plus âgé mais me sentirai plus jeune. Je serai plus sage et prêt à accueillir l'imprévisible.

UE **Lisa :** La majorité des gens ne connaissent pas Malte et ne savent pas où ça se trouve, ils croient que je parle d'un endroit imaginaire ! Peut-être que grâce à l'UE on sera un peu plus connus.

Belinda : L'UE nous a réveillés brutalement : Malte était très en retard concernant l'écologie. Maintenant on essaie de se rattraper.

ÉCOLOGIE **Lisa :** Ce qui me dégoûte, ce sont les sacs plastiques échoués sur les plages. Autre chose : les Maltais ont la fâcheuse tradition de chasser les oiseaux migrateurs qui font une pause dans leur voyage vers l'Afrique. Maintenant nous avons BirdLife, une ONG qui lutte contre ça.

Jamie : L'usine où je travaille fait partie des entreprises « vertes ». Elle recycle même l'eau usée.

Tonio : Il y a 200 000 voitures pour 400 000 habitants à Malte. C'est à cause de nos transports publics, des bus antiques très peu efficaces, que nous ne pouvons pas vivre sans voiture...

PARENTS **Lisa :** Je m'entends très bien avec mon père, il m'aide beaucoup dans mes études. Ma mère est autant ma meilleure copine que ma mère, j'adore faire du shopping avec elle à Valetta.

Jamie : Je partage le goût du rock avec ma mère et on lit les mêmes livres. Mon père peut être très drôle ou très sérieux.

ENFANTS **Tonio :** Quand je regarde Lisa, je me revois au même âge, nous avons le même caractère.

Belinda : Jamie n'aime pas les conflits, elle est plus calme. Au lieu de sortir, elle préfère boire un café et discuter avec moi. Avec Lisa, il faut faire du shopping pour passer un moment ensemble.

VŒUX **Jamie :** Aller voir un concert de rock !

Tonio : J'espère qu'Uwe reviendra une troisième fois en 2020 ! (Il nous a déjà photographiés pour les *1000 Familles*.)

«À Malte, nous avons un programme de reboisement, tout le monde peut planter un arbre et y graver son nom.» Lisa (16)

BRIGHTON PIER
LIFEGUARD

Getränke
Flaschenpfand € 1,00

TURQUIE, ISTANBUL
Istanbul by night.

INDEX PAR PAYS

UN TRÈS GRAND MERCI...

... à toutes les familles qui nous ont chaleureusement reçus,
gavés de toutes sortes de douceurs et boissons locales, et qui se sont prêtées
courageusement au double jeu de la photo et de l'interview ;
ainsi qu'à tous ceux qui ont surmonté
leur timidité pour contacter les familles, et à ceux qui ont traduit
(avec plus ou moins de succès !) nos conversations et interviews...

C'est grâce à vous tous que *Familles d'ados* a pu voir le jour !

Valérie et Jean-Pascal, Michel, Remy, Carolin, Sandrine (*Le Monde*),
Ysabel en France. Geli, Meike, Ingrid et Peter en Allemagne. François, Frederic en Belgique.
Rui, Joanna au Portugal. Olive en Irlande. Maaike, Alix en Hollande. Birgitta au Danemark.
Göran, Gunilla et Susanna (Institut suédois), Ira (CASDA) en Suède. Günter en Autriche.
Harry en Suisse. Ricardo et Monica, Néna, Juan et son frère José,
Dany en Espagne. Cüneyt, Roxanne, Koray en Turquie. Martina, Ricardo et Neila, Monica,
Carla, Chiara en Italie. William (Maltaforum) à Malte. Nadine au Liechtenstein.
Alenka en Slovénie. Tomislav, Jelena, Ines en Croatie.
Blagota et son père Slobodan au Monténégro. Elvis et sa mère, Leka, Manu en Albanie.
Marianthie (Institut français), Vangelis (Musée de la photo) en Grèce.
Ivica, Kosta en Macédoine. Martin au Kosovo. Dimka, Stoyana en Bulgarie.
Gabriela, Daniel, Paul et Bianca (Organisation FAST) en Roumanie. Danijela, Gordana en Serbie.
Leila en Bosnie. Barabara (Hostel 6), Elys en Slovaquie.
Petr (Pilsen 2015), Marketa (Institut français) en République tchèque.
Jeroen et Kate en Pologne. Iryna et Oleg, Alex et son cousin Bohdan, Victoria en Ukraine.
Eglé (Institut français) en Lituanie. Leonards, Edwin en Lettonie.
Anna (Institut français), Boris (Digital Photo) en Russie. Maria, Kristel en Estonie.
Elina (Institut français) en Finlande.

Régine aimerait tout particulièrement remercier ses ados Johanna et Basile
– d'avoir accepté de me voir si peu pendant deux ans –
et Éric et Carole pour leur aide.

Merci à Isadora,
qui a rendu nos textes politiquement et grammaticalement corrects !

Mise en pages : Rachida Zerroudi

Conforme à la loi n° 49-956 du 16 juillet 1949 sur les publications destinées à la jeunesse.
ISBN : 978-2-7324-5080-3
Dépôt légal : octobre 2012

www.lamartinierejeunesse.fr
www.lamartinieregroupe.com

Achevé d'imprimer en Espagne en août 2012